対話型授業の理論と実践

深い思考を生起させる12の要件

多田孝志 著

教育出版

はじめに

本書は、学校現場での多忙な日々の中で、教育実践の高みを目指して精励している仲間たちへのメッセージとして記します。

本書のテーマは、「対話を活用し、深い思考力を育む授業（対話型授業）の考え方と方法」です。学びに「対話」を活用する教育的な意義は、一人一人の学習者の可能性を引き出し、協同の学びに参加する喜び、仲間と共に新たな知的世界を探究していく愉悦を存分に体感させることにあります。

これまで、小学校・中学校・高校の教師として、多くの教え子たちと出会ってきました。大学の教師となってからは、グローバル時代の人間形成や対話に関する理論・言説を収集・分析してきました。また、全国各地の実践研究仲間たちと「グローバル時代の対話型授業の研究」を継続してきました。筆者の基本姿勢は、教育現場の事実を重視し、現場の情報から思想と解決策を組み上げることにあります。幸運にして、北海道から沖縄まで、全国のすべての都道府県を訪ね、授業を参観し、先生たちと語り合うことができました。

教育実践現場で先生方と実践研究を共にしていると、何気ない、ささいな活動に深い意味を見いだすことがあります。思いもかけない気づき、発見があります。同じ学校の実践研究に数年にわたり参加してくると、汗のにおいのする地道な実践が、豊かな果実を実らせていくことに気がつきます。それは子どもたちの成長であり、教師たちの驚くような実践力の向上に具現化されていきます。

本書では、そうした実践研究の成果（実践の智）を集約し、編み直し、分類・整理し、「事実として学習者が成長していく」、対話を活用した授業の考え方と具体的方法を記していきます。

できる限り、具体的かつ分かりやすく記述するよう心がけますが、必要に応じて、教育実践の理論的な背景についても言及することとしました。全国各地の学校現場の先生たちと語り合うと、対話や思考、授業などについて先生方が真摯に考えており、単なるハウツーでなく、教育実践の原理や根拠を知る理論についても学びたいとの思いがあることに気づかされるからです。

授業は見果てぬ高遠な世界です。よい授業ができたと自負しても、しばらくするとさらに高みがあることに気づかされます。授業研究とは、そうした意味で、高みの探究の継続だと考えます。

授業に行き詰まったとき、いつも隘路を開いてくれたのは、教育実践研究の仲間との対話でした。R先生は学級経営の見事さで定評のある中堅教員です。あるとき、次のような話をしてくれました。

心がけているのは、褒めることです。子どもたちを観ていると、些細な行動にも頑張りや工夫、また思いやりの心が見取れます。それに気づき褒めるようにしています。ただ、甘さと褒めるとは異なります。一人一人の可能性を信じ成長させるためには、ときには励ましを込めた厳しい指導もしています。学期末に、通知表を渡すのには時間がかかります。一人一人に評価の理由や、今後頑張ってほしいことを説明するからです。

授業中、想定外の発言があったときは、時間の制限はあるのですが、できるだけそれを活用するようにしています。知識を持っている子、感性のよい子、多様な体験を持っている子など、子どもたちの個性は本当に様々なのです。できるだけ一人一人の持っているものを生かすようにしています。そのとき、多様な異見をぶつけ合う対話を活用すると、子ども同士で、いつの間にか、新たな世界を拓いていきます。

このR先生の話に、「主体性」「協同の学び」「対話」の本質を明示されたように思いました。本書では、皮相的、形式的な授業論ではなく、一人一人が事実として成長していく、対話を活用した学びの在り方を探究していきます。

本書の特色を、次のように考えています。

第一は、一人一人の学習者が対話をする喜びを存分に感得し、自己の資質・能力、技能を事実として伸長させる、対話型授業の考え方と方法の紹介です。特定の学習者の意見のみがリードする話し合い、教師の潜在的な意図通りに論議が進行する話し合いは、対話ではありません。こうした話し合いの継続は、学習者間の参加度の格差を生み、対話を嫌い、逃避する心情をむしろ生起させる危惧があります。

学習者が学びの場で「楽しさ」を感得するときとは、自分の発想や気づきなどを表現できたとき、自己の成長が自覚できたとき、また、他者の意見や感想などから、知的爆発・知的化学変化、すなわち未知の知見・新たな発見を知ったとき、次々と思考が深まる知的興奮を体験できたときではないでしょうか。

本書では、こうした一人一人の学習者が深く思考し、成長していく対話型授業の基本的な考え方と具体的な方途を紹介しています。

第二は、グローバル時代の人間形成を目指す学習論としての「深い思考力を育む対話型授業」の提唱です。多様な文化的背景を持つ人々との共生社会・ダイナミックに変化する社会の複雑化に対応できる人間の育成を目指し、グローバル時代の現実化、近未来のシンギュラリティの到来を視野に、希望ある未来社会の担い手の育成を希求する学習論としての「グローバル時代の深い思考力を育む対話型授業」を提唱しています。

第三は、実践と理論との往還・融合です。教育実践者が、理論研究を上位と捉え、自己の実践を理論研究に合わせていこうとすることには、実践を矮小化させる危惧があります。実践研究が主体であり、その実践研究を説明し、補完するために理論を活用する姿勢こそ、教育実践の質的向上をもたらします。他方、理論的背景が希薄な実践方法は、一過性で即応的な効果にとどまる危惧があります。

本書では、「対話」や「深い思考力」について、理論的考察と実践研究の成果を往還・架橋させつつ、育成のための具体的方途を明らかにしていきます。

第四は、「学びの構造」の考察と提示です。ここ数年、学習方法の変革を具現化し、効果的に推進するための方法を模索してきました。この間、協同を原理とする学習論、構成主義を原理とする学習論、持続可能性を原理とする学習論などの多様な学習論を考察し、また多種・多彩な実践研究に参画し、啓発されてきました。その過程で、様々な学習の目的や内容を、整理し、再構成し、関連付け、構造化する必要を感じました。

そこで、学びとはいったいどのような要素により構成されているのかを考察し、また各構成要素相互の関わりを検討してきました。その作業を通して、教師が「学びの構造」を認識することにより、学習者が対話を活用し、「事実として深い思考力を育成」させるのに効果的な授業を展開することができることに気づかされました。「学びの構造」を提示し、具体的活用事例を紹介します。

第五は、「深い思考を生起させる対話型授業の実践のための12の要件」の提示・解説・実践事例の紹介です。筆者の博士論文『グローバル時代の対話型授業の研究』（二〇一六）の執筆による理論研究の成果と、全国各地での実践研究への参加・協同により析出してきた実践知を融合させ、整理し、対話型授業の実践のための要件を12に集約しました。

この「12の要件」を解説し、全国各地の創意・工夫された実践事例を掲載し、さらに、実践研究を発展・深化させるための情報を提示していきます。また、深層性ある対話力、深い思考力を育む基本技能としての、多様な思考・対話スキルも紹介していきます。

こうした特色を持つ本書は、二部から構成されています。その概要は次の通りです。

第Ⅰ部は、理論編です。

・対話の概念、グローバル時代の対話の特質、対話の技能、対話型授業の方法論などの解説
・思考力の概念、深い思考力を育む様々な要件・配慮事項についての解説
・学びの構造、「子どもが生来持っているもの」「学びの基盤」「グローバル時代の人間形成に資する新たな学び」の三要素の内容と相互の関連を解説

第Ⅱ部は、実践編です。

・「深い思考を生起させる対話型授業の実践のための12の要件」の紹介

・各要件は、内容の解説、具体的実践事例の例示、理論的背景や実践研究を発展・深化させるための情報の提示、の三項目により構成

また、随所に〈閑話休題〉としてエピソード、論説などを挿入し、本書の主張を分かりやすくするための工夫をしています。

多様な文化や価値観を持つ人々と共生する社会では、知識の受容者・消費者としてではなく、知識や体験を活用し、様々な人々と協同し、新たな智や解決策を共創できる人間を育成しなければなりません。このためには、学習の場において、学習目的を明確に持ちつつ、学習環境、対象、方法などを柔軟な発想で構想し、学びへの意欲を生起させ、深く思考していくことの愉悦を学習者に感得させる学びを創り出すことが必須です。

教師には、形骸化・形式的・前例の踏襲、マニュアル化した学習方法を打破する冒険心・勇気が求められます。殻を破ることが、未来を創る力を高めるのです。

本書が、実践研究の仲間たちの誇りと自信を復権させ、希望ある持続可能な社会の担い手を育てる教育実践を創造する契機となれば、望外の喜びです。

多田　孝志

目次

第Ⅰ部　［理論編］

対話型授業とは

第1章　対話・対話型授業

本章では、対話および対話型授業について解説します。対話について記すとき必ず述べておきたいことは、どの子も潜在的に優れた対話力を有しているということです。これまでの小・中・高校・大学・大学院での教え子たちと過ごした日々の中での実感です。当初ほとんど語れない子がいても、自分の中に他者に伝えたい事柄があることを自覚させ、語り方の方法を習得させ、さらに心理面を配慮していくと、どの子もが語り始め、やがて他者の話も興味を持って聴くようになってきます。この子どもたちの可能性を信じることから、対話を活用した学びは始まります。

1　対話とは

(1)　対話の概念

「対話」は、特に目的を持たず軽やかな機智やユーモアを楽しむ「会話」とは異なり、「目的を持った話し合い」です。

対話で大切なことの第一は、自分の考えを持ち、表現することです。最近の脳医学の研究では、脳の活動と身体運動との関係で、「言葉を発する」という行為、すなわち自分の外に自身の意識を言葉として具体的に表現することによって、その意味が再循環されて自分のものとして確立してくる、といわれています。平昌五輪フィギュアスケート男子で金メダルを獲得した羽生結弦選手は、これまでの日々を振り返り、「自分は決意や目標をマスメディアのインタビューに応えて語ることにより、自身を鼓舞し、その実現に向けてトレーニングしてきた」と語っています。自分の内側にあるものを表出し、明確にすることは、対話の要諦です。

第二は、人の意見を聴き、それをしっかり受け止めることです。対話の基本は「応答」です。短くてもよいので、言葉に出して応える習慣を身に付けることです。ときには、うなずいたり、あいづちを打ったりするだけでもよいのです。対話とは、「聴き合い」ともいえます。相手の伝えたいことを真摯に聴いていると、「なぜこんな意見を出すのだろう」「どうしてこのことにこだわるのだろう」と、疑問を持つことがあります。そのようなとき、相手の立場や心情などに思いを巡らすと、相手が本当に伝えたいことが把握できるものです。

第三は、しなやかに自分の考え方を変化させる柔軟さを持つことです。相手に批判されるたびに自分の意見を簡単に変えてしまうのは、よくありません。しかし、頑なに相手の意見を受け入れないのでは、対話する意味がありません。相手の意見に納得したら、逆に積極的にそれを生かし、新たな自分の意見を生み出していく――そんなしなやかさ、柔軟さを持つことが大切です。対話の意義は、お互いに様々な意見を出し合いながら、お互いに学び合い、さらによりよいものを希求していくことにあります。

では、対話とはどのような内容を包含する行為なのでしょうか。筆者は長年、対話と対話型授業に関する様々な言説を分析・考察してきました。また、年間を通して対話型授業の実践研究に取り組む多数の学校に、観察者ではなく、共創者として概ね三年以上の長期にわたり、参加してきました。その成果を集約し、本書においては、対話を「自己および多様な他者・事象と交流し、差異を生かし、新たな智慧や価値、解決策などを共に創り、その過程で良好な創造的な関係を構築していくための言語・非言語による、継続・発展・深化する表現活動」と定義しています。

（筆者の実践・理論研究の詳細については、『グローバル時代の対話型授業の研究（博士論文）』（東信堂二〇一七）を参照ください）

(2) グローバル時代における対話

国際理解教育を専門とする筆者は、中近東、中南米、北米に合計六年間滞在し、現地の人々と交流してきました。また、ユネスコの国際会議・海外教育視察団、海外の学会との学術交流などに参加し、さらに、心の赴くままに世界の四十カ国を旅し、多様な文化的背景を持つ人々と語り合ってきました。そうした体験から、グローバル時代における対話の特色を、以下とします。
○相互理解の難しさを自覚しつつ、臆せず、反論したり批判したりし、相手の伝えたいことを把握し、また、自らの考えを分かりやすく伝え、相手を共感・納得させ、理解を深めることができる。
○対立・批判や異見に傷つくことなく、むしろそれらを生かし、調整し、新たな解決策や智慧を共創していける。予想外の状況や内容の変化に応じて、臨機応変に対応していける。
○十分な情報がなくても、様々な情報を紡ぎ合わせ、統合し、判断し、対話を継続できる。
○相手の心情・文化や立場への響感力や想像・イメージ力を持つ。
○完全には分かり合えないかもしれない相手とも、できる限り合意形成を求めて話し合いを継続していく粘り強さを持つ。
○論議の流れを把握しつつ、新たな視点や発想をする。
○ユーモアやアイロニー（上質の冗談）、ときには印象的なエピソードの挿入により、聴き手を引き付けることができる。
これらの事項の詳細については、本書の第Ⅱ部で順次取り上げ、解説していきます。

(3) 対話力の段階

さて、対話力を高めていくためには、どのような手立てが有用なのでしょうか。学習者の状況を把握しておくことは、その第一歩です。このため筆者は、対話力の状況を五段階（ステージ）に分類してみました。学習者の状況を把握することにより、最終目的である「ステージ5」に向けての効果的な指導・支援が工夫されていくことになります。

対話のステージ	学習者の状況
ステージ1	対話に参加する意識が希薄で、自分の考えが持てず、また、語るに足る体験や考えを持っていることに気づかず、傍観者的な態度の子どもたちが多い。
ステージ2	発言力のある子が数多く発言してはいるが、自分本位で、共創意識が希薄である。他方、自分の考えを持ちはじめたが、伝える自信がなく、自己表現しない子たちもいる。
ステージ3	自分の伝えたいことを伝え、相手の伝えたいことを聴き取り、対話できる。しかし一定の結論が出ると、とどまってしまう。ときには少数者の切り捨てや、結論を急ぐ集団浅慮が起きてしまう。
ステージ4	参加者が主体的に参加し、受容的雰囲気の中で内省的な探究をし、また、さまざまな意見・感覚・体験が出され、論議が広がっていくが、意見や感想が絡み合わず、深まってはいかない。
ステージ5	参加者全員が当事者意識・共創意識を持ち、多様な見解・対立などのズレを生かし、様々な見解や感想を分類・整理しつつ、解や智慧を共創していく。さらに、新たな問いを発見し、次々と知的世界を探究していく。

2　対話型授業とは

具体的実践を例示します。小学校一年生で、友情をテーマとする「道徳」の授業がありました。二人のこびとが主人公です。食料になる栗の実を二人で見つけ、協働して殻を切ります。しかし、一人の身勝手なこびとが、実を全部とっていってしまいます。やがて、雨が降り出します。もう一人のこびとは栗の殻で舟をつくります。舟を漕いでいくと、大雨に流されそうになった先ほどの身勝手なこびとが助けを求めます。

主発問は、「栗の殻で舟を作ったこびとは、身勝手なこびとをどうするか」でした。一年生たちです。多くの子が、「謝っているのだから、助ける」との意見でした。その中で一人の子が、「ぼくは絶対に乗せてやらない」との考えを出しました。この意見を契機に、一年生なりに、「真の友情とは何か」について、話し合いが深まっていきました。

六年生の総合的な学習の時間の事例です。学区の公園を改修することになり、区役所の担当部署から、小学生としてのアイディアを出すことを要請されました。その話し合いでは、遊具の設置をめぐって意見が対立しました。混沌・混乱した論議の中で、「公園は人間だけでなく、虫などいろんな生物にとっても棲む場所ではないのか」との意見が出されました。この新たな発想からの意見は、子どもたちの共感を得て、雑草が繁る原っぱや水場も残そうと、公園づくりのアイディアは、多様な生物との共生をも視野に入れたものになりました。

中学校の社会科「江戸時代が、明治維新にどのようにつながっていったか」についての授業では、「鎖国の功罪」について、将軍、武士、商人、農民、外国人と多様な立場になり、さらに政治・文化・経済、教育などについてチームで調査したことをもとに、論議しました。すると、鎖国にも様々なよさがあったこと、一方、精神的自由が制限されたことの問題点など、皮相的な歴史観を変える見方が出てきました。

様々な価値観や感覚などをぶつけ合う対話は、確かに、深い思考を次々と生起させるのです。

グローバル時代の対話型授業とは、自己内対話と他者・対象との対話の往還により、差異を尊重し、思考を深め、視野を広げ、新しい智慧や価値、解決策を創り上げていき、その過程を通して、参加者相互が、共創的な関係を構築していく協同・探究的な学習活動です。

グローバル時代の対話型授業にはどのような特質があるのでしょうか。また、深い思考力を育むために重視すべき事項とは何でしょうか。順次記していきます。

(1) 多様な価値観のぶつかり合いによる教育

従前の我が国の学校教育において希薄であったのは、「様々な価値観や感覚などをぶつけ合う教育」ではないでしょうか。グローバル時代とは異質との共生の時代です。文化的背景や価値観、行動様式や思惟方式が異なる人々が共存する社会では、相互理解の難しさ、居心地の悪さが生起します。そうした社会で多様な他者と共存・共生するための資質・能力、技能を高めるためには、学校教育において、多様な立場、感覚、意見などのぶつかりを意図的に設定した教育を行う必要があることを強調しておきます。

多様なもののぶつかり合いから生ずる、混乱・混沌を経て、やがて新たな智慧や解決策を共創させていくことに対話型授業の特質があります。

(2) 深い思考力を育む対話型授業で重視すべき事項

ここでは、皮相的・形式的対話の弊を打破し、新たな知的世界を共創する深い思考力を育む深層性ある対話を生起させるために特に心得ておくべき二つの事項を記します。

①学習者の精神面への配慮

これまでの実践体験から、対話型授業を拡充させるために大切なことは学習者（子どもたち）の「精神面への配慮」であると思えてなりません。自分に自信がなく、対話場面ではむしろ萎縮してしまう子どもたちを主体的参加者にするためには、学習者の「精神面への配慮」が不可欠です。その具体的な手立てを集約してみましょう。

第一は、教師が子どもの潜在能力・可能性を信じることです。子どもはどの子も、その内側に様々な意見や感想、体験を持ち、「認められたい、役に立ちたい」と願っています。このことを教師が心底信じ、期待し、対応していくことが、子どもたちの心を対話に向けて開きます。

第二は、訓練の必要です。音読・朗読で声に出す、「聴く力」を高めるため、相互質問やインタビューをする、「話す力」を高めるため、聴き手を引き付ける語り方を工夫するといった、対話の基本となる技能を日常的にトレーニングしていくことが表現への恐れを希薄にします。

第三は、子どもたちの内面を豊かにすることです。語りたくてしかたがない状況を作るため、様々な体験をさせることです。また、自分の内面に考えや感想が想起するまでの時間を担保してあげることも有効です。

最も重要なのは自信を持たせること、そのために成功体験をさせ、それを「褒める」ことです。うまく表現できなくても、その内容のよさを褒める、いつもは自分本位な子が他者への配慮をしたときにも褒める、発想の違いを褒める、ときには、学級全体にそのよさを知らせる。こうした「褒める」行為が、対話への積極的姿勢を醸成していきます。

褒めるためにきわめて大切なのが、教師の「見取りと感受力」です。子どもたちのささやかな行為やつぶやきなどに表現への萌芽を見いだし、発言への勇気を与え、また、表出された内容のよさを仲間の前で称えると、子どもは実にうれしそうな表情をします。この体験が次の表現への意欲を高めていきます。

子どもは成功体験を積み、自信を持つと次々と内側にある才能を開花させていきます。やがて、学級の中のエースになる子もいます。そうした多くのエースを育てるために、教師のそこはかとない配慮が必要なのです。

②「間」の重視

筆者は、対話型授業では、多様な対象との「間」の在り方が大きな意味を持つと考えています。その一つは、人と人との対応関係における間の在り方です。対話における人と人との「間」を形成するものは「境界」でしょう。

対話における境界とは、壁や直線で分離されるものではありません。相互浸透を可能とする点線により、仕切られ、またその点線自体も動的であることが、対話の意義を有用ならしめます。

授業中、自分の意見に固執したり、日常生活での特定の仲間の閉鎖的な関係を保持したりしようとする傾向の集団がよくあります。学習者たちを固定した枠に閉じ込めず、柔軟に思考させ、他者の見解や感想に啓発され、思考を変化させる自由を保障する、意見が対立していても、論議を通して、影響を受け、自己変革し、やがて相手との相互理解・信頼を深めていく姿勢を培わせることこそ肝要です。

相互浸透の場としての「間」では、様々な見解が、相互に受け止められ、浸透し、影響し合って、「深さ」をもたらします。深い思考力を育成する対話を活用した授業では、異なる存在との「動的な境界への眼差し」を持ち、相互浸透を可能にする対応関係を作ることが重要と考えます。

二つ目の「間」とは、「とき」ともいえます。例えば、他者との対話において、相手の伝えてきたことを受け止める。そのとき、共感・納得、反発・批判、疑問・混乱など多様な状況が生起します。その、共感・納得、反発・批判、疑問・混乱をしっかり受け止め、そこから自分なりに見解や感想を導き出すためには「とき」としての「間」が必要です。よく小学校の授業で見られるような、友達の発言にすぐに「いいです」「さんせいです」の合唱をするのは、思考を深める「間」の放棄といえます。

深い思考力を培う「とき」について、下記に収斂してみました。

・思いに浸り、思いをめぐらす時間、漂う不安感と精神的自由の享受
・自己の内部にあるものを掘り起こし、心に生じることを明確にしていく時間
・他者が伝えてくる多様なものを受け止め、組み合わせたり、また統合したりして、消化し、自分のものにし、自己見解を再組織する時間
・身体感覚・五感を通して得たものを言語化する時間、身体性や実感を伴わないことばは、意味は通じても説得力を持たない
・うまく言語化できないものを見守り、新しいことばが生まれてくるのを待つ時間
・微かな、わずかな表現から他者の伝えたいことについて感じ取り、推察する時間
・早発への強制を脱し、混沌・混迷を経て、納得できる自己見解の創発に向かう時間

・悩み、戸惑い、不安になる、そうした心理的揺らぎを、むしろ楽しむ時間

授業には、時間の枠があります。十分の「とき」を保障することは、難しいかもしれません。しかし、わずかな「とき」が、思考を深める契機になります。また次週までの課題とするといった工夫が、新たな発想を生み出すこともあります。何よりも、教師が「間」と「場」についての認識を深めることが、重要と考えています。

(3) 対話型授業の要件

それでは、学習者が視野を広げ、深く思考していく対話型授業には、どのような要件があるのでしょうか。これまでの対話・対話型授業に関する理論研究から導き出された要件と、三年間以上の長期にわたる対話型授業の実践研究に取り組んできた全国各地の学校の研究から析出された要件とを集約し、次に示すように、グローバル時代の人間形成の視点から、「対話型授業の12の要件」を選定しました。

①対話の活性化のための物的・人的な受容的雰囲気づくり
②多様な他者との対話機会の意図的設定
③多様性の尊重、対立や異見の活用
④自己内対話と他者・対象との対話の往還
⑤沈黙の時間の確保や混沌・混乱の活用

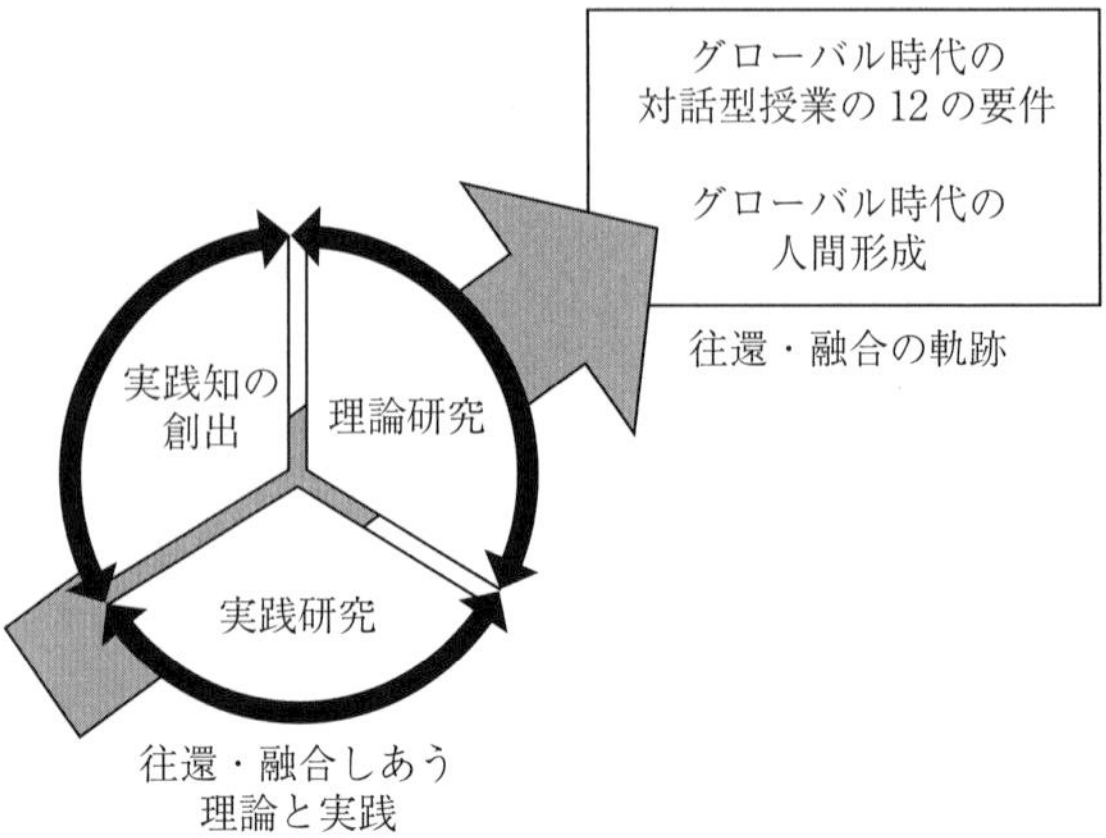

図1　グローバル時代の対話型授業の12の要件抽出図

⑥対話への主体的な参加を促す手立ての工夫
⑦批判的思考力の活用
⑧非言語表現力の育成と活用
⑨他者の心情や立場への共感・イメージ力の錬磨と活用
⑩思考力・対話力に関わる基本技能の習得
⑪思考の深化を継続する方途の工夫
⑫学習の振り返り・省察

各要件については本書の第Ⅱ部で、深い思考力を育む対話型授業の実際の展開を念頭に置き、具体的事例を紹介しつつ、詳しく解説していきます。

図1は、「対話型授業の12の要件」を抽出するための研究の全体構想を示しています。

第2章　深い思考力

筆者は、現代の社会における深刻な問題は、「浅さ」にあると考えています。自己本位で他者の立場やつらさに気がつかない、本音は語らない皮相的な人間関係、自分をごまかし表面上体裁を繕ったりする悲しむべき傾向、気楽さをよしとする軽薄な会話、論議を尽くし真摯に語り合うことを厭い、本質を見てとろうとしない知性の疲労とも呼ぶべき、浅薄な見方・考え方が現代社会に蔓延しているように思えてなりません。

青少年に、ものごとの本質を洞察し、多様な視点から事象を捉える「深い思考力」を育ませ、未来について向日的なヴィジョンを提示できる力を培わせることは、二一世紀に生きる市民の育成を使命とする教育の緊要の課題です。

本章では、「深い思考力」について解説していきます。

1　深い思考力とは

学力には、暗記・再生型と、理解・思考・対応型があると考えられます。暗記・再生型の学力の向上には教師主導の繰り返しが効率的です。他方、理解・思考・対応型の学力は、働きかけられるより、自ら関与し、自分で選択し、自ら問題・課題を探究することによってこそ高められていきます。深い思考力とは後者であり、他者によるマニュアル化した解法の踏襲でなく、自分で考え解決する力を培うこと、他者との協同活用や対話がもたらす、感動や知の世界の発見の喜びを体験し、創造的に問題を解くことにより育まれていきます。

それでは「深い思考力」とはどのようなものなのでしょうか。筆者なりの見解を記します。

(1) 気づき・発見する力

思考の第一歩は、ものごとをしっかり観て、感じて、様々な気づきや発見をすることです。平凡なこと、何気ないことでも、意識的に観たり、心で感じたりすると、思いがけない気づきや発見があります。子どもたちに通学途中で、よく観て、感じて、気づいたり、発見したりしたことを探してくることを宿題にすると、自然の移ろい、人々の生活の中に、様々な事象があることを報告してくれます。一本の木を観て、気づき・発見したことを出し合うと、様々な事柄が出て、多様な見方や感じ方があることに気づいていきます。教科学習の折々にも子どもたちの気づき・発見、疑問が学習を発展させます。

子どもの心に、きらめくような気づき・発見の喜び、新たな視点を知った感動を積み重ねていくことが、学びに火をつけ、問題を見つける力、解決していこうとする意欲、豊かな発想力を育んでいきます。思考力を育むための最もよい方途は、気づき・発見の喜びの体験にあります。

(2) 分類・整理

課題について、集めた情報や出された意見、提言などを分類・整理するため、比較し、共通点や違いについて論議することは、深い思考力の育成につながります。

分類・整理の方法は多様です。様々な視点による分類・整理の過程での考察や論議から、新たな課題が見えてきたり、全く違う視点からの発想が生起したりもします。

分類・整理の方法の習得には、学級の構成員を様々な視点で分類してみる、学級での様々な提言を整理してみる、といった分類・整理のトレーニングが効果的です。また、様々なチームでの独自の分類・整理の仕方を比較・検討しておくと、多様な視点からの分類・整理の方法が習得できます。夢中になって分類・整理することが、他の分野にも応用され、思考力となっていきます。

(3) 探究

授業を参観していて、子どもたちはよく発言し、流れるように進行しているのに、物足りなさを感じることがあります。その要因は、深まりのなさです。教師の発問に、教科書の記述にそった答えが返り、「いいです」の承認の声が響く展開の繰り返しでは、学ぶことの真の喜びを得ることはできません。

探究することの喜びとは、新たな知的世界を発見することにあります。学ぶとは、深く・広い知的世界を探訪することです。授業中に、ずっと黙っていた子が、ふと表情を輝かせ挙手することがあります。この子は、新たな自己見解を持ったのです。次々と気づき・発見し、やがて、当初は予想もしなかった知的世界を知る。その感動・喜びが探究心を高めていきます。

多数の先達たちが、困難や障害、ときには孤独に苛まれながら、探究への歩みを止めなかったのは、ときおり出現する、新たな知見に出合う喜びを感得しているからに違いありません。探究心は、「深い思考力」の基調です。学習者の探究心を高める手立てにこそ、教師の創意・工夫が必要なのです。

(4) 統合・総合力

深い思考力とは、多様な知識、能力、感性、理解、技能、経験、意欲などの、様々な要素を統合・総合し、課題・問題・難題を探究できる「統合・総合力」ともいえます。

地球社会、地球生命系の明日を希望あるものにするためには、様々な分野の知見が統合され、多様な視点から検討・考察される必要があります。二一世紀の教育の使命は、多様な人々と共に、対立や相互理解の難しさを超え、新しい価値の発見や創造ができ、また当事者意識を持ち、主体的に行動できる人間を育成することにあります。「統合・総合力」は、持続可能な社会に生きるための基本なのです。統合・総合力を育む具体的な学習例が、チームプレゼンテーションです。チームで調査した多様な情報を分析し、統合・総合し、報告したり、提言したりする活動です。

様々な要素を関連付け、多元的な視点から検討し、柔軟に臨機応変の対応をすることにより「統合・総合力」は発揮されていきます。

(5) 汎用・応用力

気づき・発見、分類・整理、原理的な理解、探究心、総合・統合力の高まりによって向上した深い思考力は、汎用的となり、様々な事象・場面と遭遇したときに応用されます。この応用力こそ、先行き不透明でダイナミックに変化していく世界で、ものごとの本質を見通し、多様な他者と交流するために必須の「深い思考力」の主要な要素なのです。

神戸大学附属中学校の森田育志先生の総合的学習の時間の授業で「ＡＩ時代の人間に求められる力とは何か」が論議されました。この授業では、事前に、ＡＩをめぐる諸問題、すなわち雇用、医療・福祉、知的財産、社会的責任などについて生徒がチームをつくり、事前に調査していました。また、「自動運転の自動車が事故を起こした場合の責任を取るのは誰か」など人間の生活とＡＩに関わる具体的な課題について論議してきました。調査したことや具体的な問題を論議したことから得た、気づき・発見したこと、明らかにされた多様な視点からの見解・情報などが、やがて、総合・統合されて、「分析・整理・考察の方法」として生徒たちに習得され、それらが「応用」され、学級全体としての対話を活発化し、思考を深めていきました。

こうした深い思考力を生起させ、問題・課題・難題に取り組んだ体験から得た見方や考え方が「汎用化」され、新たな問題・課題・難題に取り組むときに応用されていくこと、その連続により、深い思考力は向上していくのです。

きわめて重要なことは、次に応用するために深い思考力を発揮させる方途を汎用化し、確認し、定着させる時間を確保すること、具体的には省察・振り返りを重視することです。

(6) 継続力

継続力は「深い思考力」につながります。一つの結論にとどまらず、集団浅慮による同調や妥協をせず、次々と問い続ける、ときにはスタート地点に戻る勇気を持つ、悩むこと、答えの出ない苦しみを味わうことも大切です。既習事項を生かし、ハードルの高い難題に取り組むことも継続して探究する力を高めます。

思考に無為な時間はありません。やがて、混沌の中にひらめきがおこり、創造へとつながっていきます。新たな知的世界に入れた感動が、継続して探究する意志を育んでいくのです。こうした思考を継続・深化させる体験の蓄積が、深い思考力を培っていきます。

なお、筆者は、教育実践の指針となることを念頭に、本書における「深い思考力」の要点を、次に収斂してみました。

①問題・課題・難題探究・解決のための意識を持つ
②多面的かつ総合的なものの見方や考え方、感じ方を重視し、多様な見解や感覚を結び付け、組み合わせ、統合し、新たな智を生起させる
③従前の価値観や見方に固執せず、事物・事象を新たな視点や発想から捉え直す
④様々な情報、複数の考えから、最良と判断できる考えを選択する
⑤ものごとの本質を見抜く直観力・洞察力を持つ
⑥情報の不十分・不明確な部分を推察により補充・強化し、できる限り明確にする
⑦対話において、批判的思考を活用し、論議を深める
⑧一つの結論にとどまらず、既知の事項を生かし、次々とより深い知的世界を探究していく
⑨発想の転換への勇気と柔軟性を持つ
⑩沈黙・混沌・浮遊的思索の活用により、自己の考え方を整理・統合、再構成していく

2　深い思考力の育成のために心得ておくべき事項

対話型授業において、深い思考力を育成するために心得ておくべき主な事項を列挙します。なお、各事項の詳細については、第Ⅱ部で記すこととします。

(1)　多様性・ズレ・異見の活用

深い思考力育成の視点からは、多様なズレや異見の活用が望まれます。そうした意味から、同質集団によるグループではなく、異なった意見や感覚などを持つチームによる論議が効果的と考えます。

(2)　思考力とは個別的なもの

思考とは、自分に向かって問いかけること、自分の内部にあるものを掘り起こし、自分の中の貴重なもの、美しいものを掘り当てること、他者が伝えてくるものを受け止め、消化し、自分のものにし、再組織する行為でもあります。ですから、仲間と探究していても、必ずしも得るものは同じではありません。そうした意味で思考の深まりは、「個別的なもの」なのです。

(3)　勇気と冒険心

新たな発想から、問題・課題・難題を検討する、一度まとまりかけた結論を全く異なる視点から再検討を求める、こうした勇気と冒険心もまた、知的世界を広げていきます。冒険を称える文化を日頃からクラスの子どもたちに醸成することが大切です。

(4) 直観力

人間には、論理では説明できない複雑な推論過程の能力が明らかにあります。飛躍したり、主観的な推理を行ったり、知識がないのに推理することさえあります。いわば「直観・思いつき」です。深い思考には、この「直観・思いつき」が重要な機能を発揮すると考えます。

(5) 省察・振り返りの重要性

数多くの授業参観をしてきて、気づかされるのは、省察の希薄さです。活発な発言が起きる授業は、よい授業の一つのスタイルでしょう。しかし、子どもたちがふと沈黙し、考え込む、静寂が学級全体に広がる、こうした「とき」が、省察・振り返りとなります。その省察・振り返りのときに、これまでの学習で得たものを確認し、また新たな考えや感想を構築していくのです。

3 気づき・発見→分類・整理→探究→統合・総合→汎用・応用のプロセスの実践事例

兵庫県姫路市立英賀保小学校の澤田佳彦先生による五年生国語科「書き手の意図を考えながら

新聞を読もう」の単元の「記事に見出しをつけよう」の授業を紹介します。

○各自に記事を配付し、じっくりと読ませる時間を設けることで、書き手の意図につながる情報を見つけられるようにする。（気づく・発見する）

○ペアで話し合いながら、お互いの気づきをつなげて、書き手の意図に迫っていくための手がかりにできるようにする。（分類・整理）

○個人の考えを班ごとに出し合う中で、根拠についても話し合い、意見をつなげたり付け足したりして思考を深めさせ、書き手の意図にふさわしい見出しを考えられるようにする。（探究）

○見出しとともに、その根拠となる書き手の意図を班用ワークシートに書かせ、黒板に掲示することで、比較しながらさらに考えを深めていけるようにする。（分類・整理、探究）

○見出しを考えるには、本文やリード文の内容や写真に写っているものから書き手の意図をつかめばよいことを確認する。（統合・総合）

○次時は、記事を選択して各自でふさわしい見出しを考えることに挑戦することを伝え、学習への意欲を高めておく。（汎用・応用）

こうした学習プロセスにより学んでいくことで、深い思考力が培われていきます。見出しを付ける学習活動は、気づいたこと、調べたこと、考えたことなどの、知の総合・統合の具体化でした。適時、対話を織り込むことにより、視野の広がりと思考の深まりがもたらされます。

4 深い思考をもたらす「実践の智」の探究

授業は通常、「目標」を設定し、目標を達成するために「授業の構想、教材開発・研究、学習方法、学習プロセス」を検討・計画し、その実行が「学習者の成長」につながるとされています。筆者は長年、多くの教師たちと授業づくりに参画し、実際の授業を参観し、その後の検討会に参加してきました。その体験から、「授業の構想、教材開発・研究、学習方法、学習プロセス」の検討・計画と、「学習者の成長」との間をつなぎ、広げ、深める具体的な教育活動が重要と考えるに至りました。対話型授業において、深い思考力を生起させるためには、教師の「仕掛け、工夫、配慮」、さらには「直感や感受性、学びについての認識の深さ」等が重要な意味を持つことに気づかされました。これらの総体を「実践の智」と名付けることにしました。

「実践の智」は、二つの要素によって構成されています。その一つは、教師たちの実践から生起する事柄です。付箋・ホワイトボード、掲示物といった補助資料や学習環境の工夫、学習者を勇気づける精神面の支援、一定の結論にとどめず、さらなる思考を深めていくための「ゆさぶり」等の、「教師スキル」ともいうべき事項です。他の一つは、科学や哲学・文学など諸学の研究成果の援用です。例えば、人類誕生以来の壮大な人類史に関する研究は、人類の特質が未知の世界への冒険心・探究心にあることを明らかにしました。また、最近のロボット工学の進展は、人間とロボットとの違いを示唆し、人類の今後の生き方のヒントを与えています。

「実践の智」は、理論と実践との統合・融合により形成されています。例えば、学びにおける「とき」の重要性は、理論研究の成果により明らかにされています。その成果を援用した教師たちの具体的な工夫により、沈黙・混沌、省察などによる「ときの活用」は、学びの有用な方途となります。また、対話論の先達の研究は、異質との出合いが、対話を深めることを教示しました。さらに、最近の脳の活動に関する研究では、脳は未知のことに出合い、どう対応したらよいか分からない状況の時にこそ、フル稼働することが分かってきています。こうした、「異」や「未知」との出合いについての研究成果を対話型授業に活用することにより、協同学習における多様な視点・体験を持つ学習者によるチーム構成や、様々な視点からの論議ができる学習課題の設定がなされ、学習効果を高めています。

皮相的・形式的でなく、問いへの深い探究の連続により、真に学習者の成長が期待できる実践を創造していくためには、「実践の智」の役割の大きさを認識し、考察・探究・実証・省察していくことが、きわめて重要と考えています。「実践の智」の考察・探究・実証・省察は、やがて、様々な実践上の叡智を結晶化させ、その整理・構造化により、実践から生起する学びの理論が形成できると期待します。

第3章　学びの構造

対話型授業を数多く参観し、一人一人の子どもたちが「問い」の解決のために思考し、表現し、それらが絡み合い、新たな問いを生起させていく授業に感心させられたことがありました。他方、話し合いが低調な授業、意見は多く出るのですが、絡み合わず、対話を活用する効果が低く見受けられる授業も多々ありました。

この違いの要因を問い続けてきました。教師の実践力、教材研究・開発力などは直接的要因でしょう。しかし、学習、学ぶということ、「学びの構造」そのものについて根本的に問い直す必要があるのではないかと思いあたりました。本章では、深い思考力を育む対話型授業の学習効果を高めるために「学びの構造」について分析・考察し、私論を記します。

筆者は、これまで、学習者が参加し、課題を解決していく、協同・構成主義を原理とする様々な学習論を検討してみました。すると、協同による問題解決能力・探究力、表現力、メタ認知的な能力などの伸長を目的としていること、学習方法として子どもの興味・関心から出発しそれを生かそうとすること、知識だけでなく体験や体感を重視すること、正しい答えに到達することよりも思考や理解するプロセスが重視されていること、学習を深めるスキルを重視していること、多様な知識や考え方、感覚などを統合し、深く思考を追求していくことなど、共通の考え方が見いだせました。

また、様々な学習論に通底する、学習そのものを構成する基本的要素が見えてくるように思えました。それを分析・構造化することにより、深い思考力を育む対話型授業が、効果的に実践できるのではないかと考えました。

対話型授業に関わる学習論の検討の成果と、実践研究から得た知見を統合し、学習の基本的要素とその相互の関わり（学びの構造）について、現時点での私見を記すこととします。深い思考力を育む学びを成立させるためには、「子どもが生来持っているもの」「学びの基盤の醸成」「グローバル時代の人間形成に資する新たな学び」の三つの構成要素が必要と考えます。

1　子どもが生来持っているものの伸長

感性や感覚・感受性・好奇心・遊び性などの子どもが生来持っているものを存分に発揮させること、このことが、子どもたちに、内発的モチベーションすなわち興味・関心を喚起させます。

「ワクワクした」「驚いた」「面白い」と感じた体験が「もっと知りたい」「考えたい」との学びへの意欲を高めていきます。主体的な学びとは、子どもが生来持っているものを発揮することにより、学習者自身のものとなるのです。このことをもう少し、くわしく考察していきましょう。

(1) 感性の重視

子どもが生来持っているものの基調は、感性（Sensibility）・感受性（Sensitivity）でしょう。未知なるものに出合ったときの感激、美しいものを美しいと感じる感覚が、感受性です。感じ、受け止めることは、知りたい、理解したい気持ちを醸成し、やがてものごとの本質を探究し、洞察する感性を醸成していきます。

新しいものや未知なるものに出合ったとき、戸惑い、驚き、疑問、反発など様々な感情が起こります。そうした感情が呼び覚まされると、次にはその対象となるものをよく知りたくなります。一方、「感じる」を欠いた「知ったつもり」「調べたつもり」には、誤解や偏見、蔑視を派生させる危惧があります。深い思考力を育むためには、人間の持つ根源的な「感性・感受性」を鋭敏かつ、豊かにすることが大切と考えています。

「感性を重視する教育」を推進している上越教育大学附属小学校の実践研究に、筆者は研究協力者として二〇一四年度以来、継続して参加してきています。二〇一七年夏のある日、同校を訪問し、副校長・教頭先生に実践研究について語っていただきました。以下はその概要です。

感性を重視する教育として、自然環境の中に子どもを入らせたり、様々な生物と触れ合わせたりすることを重視してきた。その際、調査ではなく、とにかく身体全体で五感を使って没頭するようにし、そこから湧き上がる関心や疑問を学習の起点とした。皮相的・形式的、教師の暗黙の指示を待つような学習にしないため、繰り返し浸りきる体験をさせた。例えば、里山に入りきることにより、生活とのつながりが分かったり、季節の移ろいに気づいたりしていった。

こうした感性を重視した学びを継続していると、共同活動などを通して、思いやりや協調心、忍耐力、自制心などの社会に生きる人間としての土台を形成していく。

教師は、素材と環境を選ぶため、繰り返しフィールドワークを行う。また学習は、子どもの反応により、変更の連続となる。何よりも子どもの「いま」の思いを重視し、実践研究を継続してきた。

上越教育大学附属小学校の実践研究は、感性を重視する教育が、好奇心・遊び性などの子どもが生来持っているものを存分に発揮させ、問いを持たせ、学びへの意欲を高めていることを実証しています。

(2) 現場性と身体性の重視

感性を重視した学びは、現場性と身体性による学習活動により具現化されます。

全国各地を旅し、学校を訪問してきましたが、驚かされたのは、四国の海岸部の学校、東北地方の山間地の学校など自然豊かな地域の子どもたちも、農作業や海岸や川での遊びをほとんどしなくなっている状況です。

現代の子どもたちに最も欠けてきているのは、身体ごとリアルに「体験」をすることではないでしょうか。体験は社会体験と自然体験に大別できます。また、体験には、感動体験、成就体験、協働・共生体験や挫折体験・矛盾体験などがあります。心揺さぶられる体験には人間の成長に大きな教育的意義があります。

こうした体験の真髄は、「現場性と身体性」にあります。現場に行くことによって、事実を深く認識できたり、問題の本質に気づかされたりする。五感で感得したことが、面白さとなり、やがて、知ろう、考えようとする意欲につながっていくのです。一体化し、没頭し、遊び回る、その「いま」から湧き上がる興味・関心が学びの起点となるのです。

2 学びの基盤の醸成

学びの基盤とは、「学びの技能」と「広義な知的教養」に大別できます。学びの技能とは、ものの見方や考え方のスキル、思考を継続するスキルや聴く・話す・対話するスキルです。「広義な知的教養」とは、知識にとどまらず、意思力、洞察力、直観力、判断力、響感・イメージ力、様々な体験など、ものごとを深く考えたり、多様な他者と知的世界を探究したりするための基盤となる人間としての基礎力にも通底する知的素養です。

⑴　学びの技能

学びの技能としての思考力に関わるスキルを例にしましょう。日本科学未来館には、創造力とは何かについて次の五項目が提示されています。

むすびつける……一見無関係にみえるもの間に、共通の性質がある

組み合わせる……性格の異なるものを調和させる

ひらめく……伝統的価値観を払拭し、違う発想をする

みならう……ヒントを得て、なかったものを作る、成し遂げる

きりかえる……予期せぬものから価値あるものを見出す

また、持続可能な開発のための教育の実践研究を推進している上越教育大学附属中学校では、生徒たちに下記の力を日常的に高め、学びの場で活用させています。

情報統合力……課題や聴き手に応じて必要となる情報を集め、まとめる力

代替思考力……課題や問題点や物事の本質を捉え直す力

企画創造力……周囲の状況や動向を予測しながら、みんなのためになる活動を創り出す力

主体的実践力……内容や活動を訂正しながら率先して行動する力

コミュニケーション力……情報を受信したり、発信したりしながら、様々な考えや異見を認

め合う、人や物との関係を広げる力

コラボレーション力……進んで協力し合いながら、互いに目的を達成する力

上越教育大学附属中学校の実践研究にも、筆者は研究協力者として関わってきました。同校では、前述した六つの力を実際に授業の場で活用し、伸長させる学びを展開しています。その実践事例を紹介してみましょう。

【事例】 中学三年生「意見交換をヒントに、見通しを持ってマニュアルを修正しよう」

この授業では、想定外の事態が起こったときの心構えと行動原則をマニュアルにまとめることを目的としていました。授業は以下のプロセスで進行していきました。

・チームに分かれ、各チームが学校行事に来てくれた人への対応マニュアルを作成してくる。(前時)
・各チームのマニュアルをホワイトボードに書き、前面黒板に張り出す。
・想定外の事例(病人が出た、展示作品を壊したなど)が起きたときにも対応できるマニュアルになっているかどうかの視点から、各チームのマニュアルについて全体で意見交換する。
・意見交換の場で指摘された事柄を生かし、各チームが、急に想定外の事態が発生したときの心構えや行動原則を考え、マニュアルを修正する。
・各チームが修正したマニュアルを提示し、全体で共有する。

この授業は、リーダーとなった生徒を中心に生徒主体で進行されていました。各チームのマニュアルの修正の場面では、生徒たちは、批判的考察をするとともに仲間の立場に寄りそい様々なアイディアを提供していました。また、学校行事の当事者であることを意識し、当日の状況をイメージし、「想定外の事態」への具体的な対応策を真剣に検討していました。総じて、たくさんのやりとりがあり、互恵的な話し合いとなっていました。

生徒の発言や行動を観ていると、情報統合力、代替思考力、企画創造力、主体的実践力、コミュニケーション力、コラボレーション力などが、様々な場面で発揮されていることに気づかされました。皮相的・形式的な論議でなく、具体的な対応策を真摯に検討して進めていることは、日常的なスキル習得の成果と思われました。

(2) 広義な知的教養

筆者は、知識・情報に加え、多様な見方、意思力、洞察力、直観力、判断力、響感・イメージ力などを「広義な知的教養」と捉えています。

こうした「広義な知的教養」は短期間には涵養できませんが、その契機を作ることは可能です。「一輪の花」と名付けた多様な見方、洞察力・直観力などを育むことを目的とした学習活動はその事例です。一輪の花を摘んできて、子どもたちの前に立ちます。右手に持ち、その手を高く上げます。次の瞬間、一輪の花を落とし、左手で受け止めます。この小さな行為を書かせます。すると、「先生は、右手で上げた花を落とし、左手で受け止めた」との事実の描写から、「花はキラリと光りながら」「先生は笑顔で」等々を書く子たちもいます。ときには「先生はなぜこんなことをしたのだろう」「隣のAさんは、息をのんで」と、様々な視点からの記述もでてきます。多様な見方・洞察力を高めるためのこうした活動には「一枚の絵を観る」「二〇年前の写真と今の写真の比較」「木を観て気づき、感じたこと」などがあります。

全国各地で、出前授業をしています。山梨県きっての進学校として知られる高校で「豊かさとは何か」をテーマに授業したときのことを紹介します。

高校生三年生の生徒五十余名が参加してくれました。「豊かさとは何か」について、各自が考え、グループで話し合い、全体で集約しました。その全体集約で、生徒たちは「人、金、権力」が豊かさにつながると結論づけました。実はここからが「広義な知的教養」を育むのに重要なステージになるのです。

ＪＩＣＡの青年海外協力隊員が撮影してきたブータンの子どもたちの笑顔いっぱいの学校生活、エリートへの道を捨て故郷に私費で学校を作ったマサイの若者の写真も提示し、笑顔をもたらしているもの、マサイの若者の決断の理由などについて、様々な意見を出し合わせました。こうした活動を通して、多様な見方、洞察力、判断力などによって、ものごとの本質に迫ることを実体験させたのです。

その後、筆者は、「友達が多いことはよいことか」「たった一人しか親友がいないのは不幸か」と質問し、さらに「だれも親しい人がいないことは不幸か」と生徒たちに問い、時間をとって考えさせました。するとポツポツと、「友達が多いこともよいが、孤独の時間もあってよい」「孤立と孤独は違うのではないか」「様々な友から啓発されることがあってもよい。しかしそれは固定的な友を作ることとは異なる」などの意見が出され、論議は深まっていきました。最終ステージでチームを再編成し、「金・権力」と豊かさとの関わりについて話し合ってもらいました。すると、前半のグループでの話し合いとは明らかに様変わりし、侃々諤々として論議が起こっていました。固定観念を打破し、心の殻を破ると、多様な見方、意思力、洞察力、直観力、判断力、響感・イメージ力などが発揮されます。その快感が「広い知的教養」の醸成につながると考えています。


「子どもが生来持っているものの伸長」と「学びの基盤の醸成」との学習成果を活用することによってこそ、深い思考力や対話力が生起すると考えます。それらを欠いた学びでは、学びへの意欲に欠け、知的探究・共創意識に乏しく、皮相的となり、「やらされている」感覚が強くなり、子どもたちの内面からの成長を、むしろ阻害する危惧さえあります。

筆者は幸運にも、感性を重視する教育を展開する上越教育大学附属小学校と、学習の基盤としてのスキルの習得と活用を推進する上越教育大学附属中学校の実践研究とに、同時期に研究協力者として参加させていただいています。このことは、「子どもが生来持っているものの伸長」と「学びの基盤の醸成」のつながりの効果を子どもたちの成長の姿から実感することとなりました。

3　グローバル時代の人間形成に資する新たな学び

先行き不透明でダイナミックに変化する世界、多様な文化的背景を持った人々と共生する社会が、現実化しています。人工知能などの飛躍的な発展によるシンギュラリティ（技術的特異点）が発生し、人間の能力と社会が根底から覆る近未来が想定されています。

文化や価値観が異なれば、そこに対立や摩擦が起きることは回避できません。バラバラなことは、対立、偏見、誤解、相互不信を生起させます。しかし、他方では、異なるもの、多様なものとの出合いは、創造への活力と希望を生み出します。民族と民族、人と人が出会ったとき、その出会いを偏見・誤解・不信にとどめず、希望への創生に結び付けることが、今後の人類の課題ではないでしょうか。二一世紀の教育の使命は、グローバル時代・多文化共生社会に対応した、新たな資質・能力や技能を持った人間を形成していくことにあります。

このためには、従前の学びのよさを認識しつつ、学びそのものの在り方を根本から転換していかねばなりません。

⑴ グローバル時代の人間形成に資する新たな学びのイメージ

「グローバル時代の人間形成に資する新たな学び」とは、機械がスイッチを入れると起動するように教師の指示通りに学ぶ機械論的な学びから、動植物たちが環境・状況に対応して生きていくように自己判断により状況に応じて学びを拡充していく「エコロジカルな学び」、現在・過去・未来、また地理的・水平的な広がりと関連させ課題を探究する「立体的学び」、未知の課題・情報・知見、予期せぬ知的世界に次々と遭遇しつつ視野を広げ思考を深める「知の宇宙への航海の学び」などです。

「知の宇宙への航海の学び」とは、筆者の造語です。その学習のイメージは、松本零士作のSF漫画『銀河鉄道999』にあります。主人公の星野鉄郎が、無料で機械の身体をくれるという星を目指し、謎の美女メーテルとともに銀河超特急999号に乗り込み、次々と様々な星に停車しつつ、宇宙の旅を継続していくストーリーです。

この「知の宇宙への航海の学び」の発想は、多田ゼミの学生たちとの交流によって得ました。学生たちとは研究室で、教育について、人生について語り合ってきました。また、東日本大震災の復興の活動に参加し、ミュージカルを鑑賞し、小学校・中学校を訪問し、様々な学習活動を参観してきました。ゼミの学生たちと過ごした日々を想起すると、学生たちは、次々と課題に出合い、戸惑い、悩みつつ、やがて仲間と対話し、励まし合い、助け合い、人生上の難題さえ、なんとか越えていったように思えます。

こうした事実に励まされ、次々と課題に出合いつつ、それを仲間と協同し、主体的に解決し、さらなる高みを探究していく学びを創りたいと考えます。答えのない、しかし、悩み、戸惑い、混沌としつつも、多様な視点から発想を広げ、その過程を通して新たな知的世界を旅する喜び、学ぶことの根源的な愉悦を感得できる学びです。こうした学びによってこそ、グローバル時代の人間形成が希求できると考えるからです。

(2) グローバル時代の学びの要件

それではいったいグローバル時代の人間形成に資する学びには、どのようなことが重要なのでしょうか。以下に要件を列挙しておきます。

①脱システム化の思想を持つ

人間は、自己の所属する集団の行動様式、思惟方式、倫理観などの制約を受け、システムの中で生きています。しかし、システムの内側にのみ留まっていては、世界の多様性は実感できません。世界の現実は、自分の属する集団での常識や価値観では理解できない、通用しない多様性に満ちています。

思い切ってシステムの外に飛び出して異なる視点を獲得すること、あるいは、自明とされる自己の常識や価値観を外の視点から意図的に見直す姿勢を持つこと、脱システム化の思想を持つことが、多様な人々と希望ある持続可能な社会を構築するために必須なのです。

②多様なものを巻き込む inter disciplinary なアプローチ

個人にできることには、限りがあります。また同質集団での学びでは、とかく一定の結論に留まりがちです。地球環境の保全など複雑な要因が絡み合う地球的課題の解決には、多様な知を集めた共創が大切です。異文化を持つ人々と相互理解を深めるには、様々な視点からの調整・調和が必要です。

グローバル時代の学びの重要な要件は、多様な文化・価値観・体験・立場からの見解・提言を巻き込み、対立や、相互理解の困難さを克服し、そこから、可能な限り参加者が納得できる解や智慧を共創することにあります

学習における具体例は、チーム・プレゼンテーションです。グループとチームは違います。グループは似た者同士、チームは明確な行動目的を持つ社会組織です。チームでの活動を通して、違和感や疑問を経ての理解の深まりや、相互理解の不可能性を意識しての現実的な対応力ができるようになる学習体験が大切になります。

③感性と響き合う新たな理性主義

産業革命以来、人間の社会は理性を偏重してきました。理性の重視は、科学技術の発展や経済

的な豊かさをもたらしました。しかし、過度な富の探求は、自利益のみを追求して他者を競争相手とのみ見る、精神の劣化を生じさせています。多様な他者と共生する社会の人間形成を希求するグローバル時代の学びでは、人間の精神の復権を目指す、感性と響き合う新たな理性主義の創造が重要と考えます。

学びにおいては、論理的な見方・考え方だけでなく、感じたこと、心に響いたことなどの感性・感受性などを重視することが大切となります。

このことは、一人一人の人間を、部分的にではなく、全人的な捉え方をすることにもつながります。多くの教え子たちとの交流の経験から、一人一人が様々な資質・能力を有していることに気づかされてきました。感性と響き合う新たな理性主義とは、そうした一人一人の可能性を信じ、内省的知能、空間的知能、芸術的知能など、様々なよさを引き出す考え方でもあるのです。

従前の学びそのものの根本的な在り方を転換する、グローバル時代の人間形成に資する新たな学びを創造するためには、冒険心や勇気が必要です。

六万年前に出アフリカを成し遂げたホモ・サピエンスは、その後、酷寒のシベリアでの残留、新大陸アメリカへの到達、広大な海を越えての南太平洋への進出等、世界各地に拡散していきました。その道程は、冒険心と勇気がもたらしたものでしょう。人類は、壮大な旅の途上で、困難・障害に直面したとき、それを乗り越える知恵を生み出し、冒険心や勇気により、新たな世界に歩み出していったのです。私たち教師が、教育の先達として冒険心と勇気を持って果敢に新たな教育に取り組むときを迎えていると思えてなりません。

4　学びの構造の三つの構成要素の関わり

「グローバル時代の人間形成に資する新たな学び」としての深い思考力を育む対話型授業は、これまで述べてきたように、「子どもが生来持っているもの」「学びの基盤の醸成」「グローバル時代の人間形成に資する新たな学び」の三つの構成要素によってこそ創造されると考えています。

しかし、三つの構成要素には、上下関係はありません。気づき・発見の感動、次々と探究する愉悦という「学びの本質に触れる」という意味では共通しています。また、相互に関連し合い、かつ循環しています。例えば、「グローバル時代の人間形成に資する新たな学び」の学習過程の折々に、新たな知的世界に入る喜びの体験は、子どもが生来持っている感性や好奇心を育んでいきます。また、「学びの基盤の醸成」に位置付けた多様な学びのスキルが折々に活用され、習熟していきます。

教師が「学びの構造」を認識することにより、学習者の多様な発言をしっかり受け止め、位置付けることができます。また、個々の学習者の成長の契機を発見し、気づき、支援できます。このためには、教師自身が意識的に様々な体験をなし、学びの基盤としての「広義な知的教養」を高めていくことこそ大切なのです。

自然と科学の関わりを探究し、「フロンティア軌道論」という画期的な理論を導き出し、真に独創的な研究と絶賛された福井謙一博士（一九八一年ノーベル化学賞受賞）は、「幼いころから自然に親しんだ経験を持つことにより学問的直観や独創性が育まれた」（NHK番組「この人に会いたい」）と語っていました。

この福井先生の述懐は、感性や感覚・感受性・好奇心・遊び性などを存分に発揮する体験の重要性を示唆するものと受け止めました。筆者自身は「広義な知的教養」を高めるための具体的方法として、高校の教科書、特に現代文の教科書を読むようにしています。すると森羅万象、先端技術、思想などについての広義な知識を得ることができました。もちろん、多様な学術書、啓蒙書の購読は必要ですが、高校教科書を読むことは、総合的な広い教養を習得する効果的な方法としてお勧めします。

次ページの図2は、「学びの構造」の概念図です。また、「学びの構造」三要素が循環的に相互作用をするものであること示したのが、図3です。

本章では、対話型授業に関わる学習論を考察し、「学びの構造」について提言してきました。

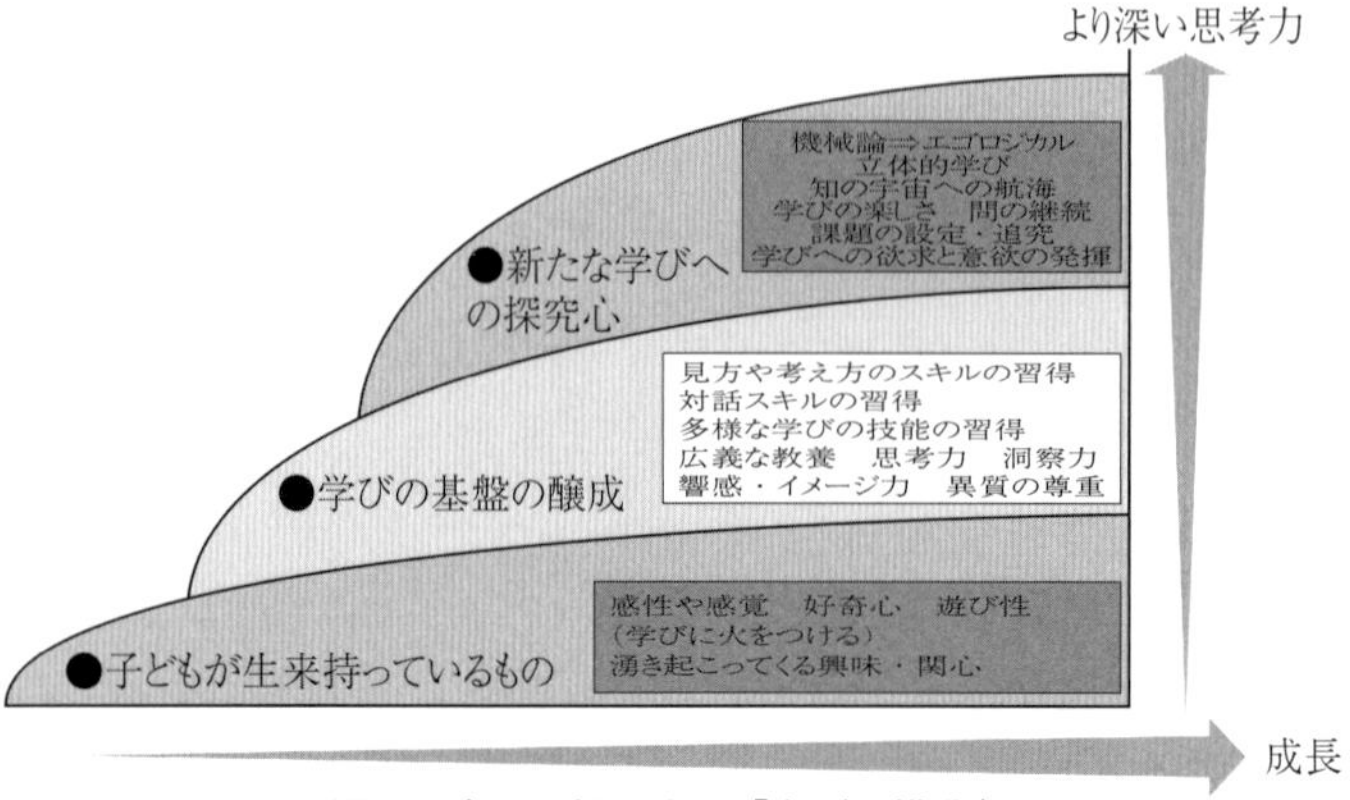

図２　多田の提示する「学びの構造」

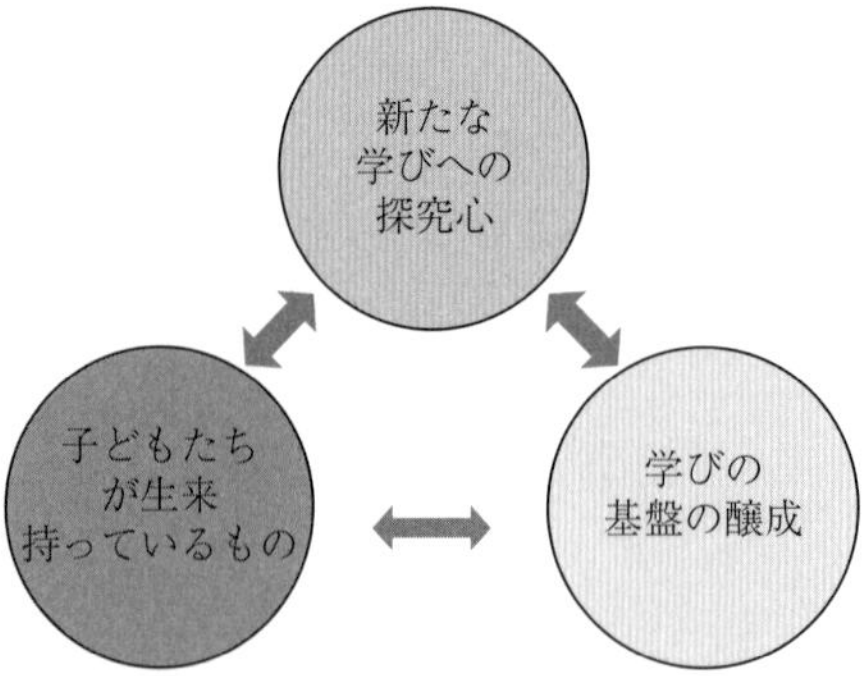

図３　多田による「学びの構造の循環過程」

その作業を受けて、いよいよ本書のテーマである、「グローバル時代の対話型授業を効果的に推進する12の要件」について記していきます。その詳細は、第Ⅱ部に記します。

ここでは、第Ⅰ部第1章「対話・対話型授業」で提示した12の要件を「学びの構造」と関連させ、三分類し、全体の構成を示しておきます。

①個々人の潜在能力の伸長（子どもたちが生来持っているもの）に関わる要件

・対話の活性化のための受容的雰囲気の形成

・対話への主体的参加を促す工夫

・現場性と身体性、体験の重視

・非言語表現力の育成と活用

②対話を活用した「学びの基盤の醸成」に関わる要件

・対話の基本技能及び思考を深める技能の習得と活用

・批判的思考力の習得と活用

・他者の心情や立場への共感・イメージ力の錬磨と活用

③深い思考力を生起させる新たな学習の展開のための工夫に関わる要件

・多様性・差違性の尊重と活用、対立や異見の活用

・自己内対話と他者・対象との対話の往還

・論議・思考の深化を継続させていく工夫（課題設定、チーム作り、学習プロセス、教師の揺さぶりなど）
・沈黙の時間の確保や混沌・混乱の活用
・学習の振り返り・省察

第Ⅱ部では、「深い思考を生起させる対話型授業の実践のための12の要件」について、その意味を解説し、具体的実践事例を紹介し、さらなる発展のために参考となる言説や事例を記します。

第Ⅱ部 【実践編】

深い思考を生起させる
対話型授業の実践のための12の要件

筆者は、博士論文『グローバル時代の対話型授業の研究』（二〇一六）による理論研究の成果と、全国各地での実践研究への参加・協同により析出してきた実践知を融合させ、整理し、対話型授業により深い思考力を生起させるための要件を12に集約しました。

第Ⅱ部では、12の要件について、各要件の内容の解説（【解説】）、具体的実践事例の例示（【実践事例】）、理論的背景や実践研究を発展・深化させるための情報の提示（【発展】）の三項目により構成することとします。

1 対話の活性化のための物的・人的な受容的雰囲気づくり

【解説】

対話の要諦は雰囲気づくりにあります。自由に意見や感想が出せる受容的雰囲気が醸成されていると、参加者は、闊達に意見や感想を出し合います。権力構造が支配する時空では、みな押し黙り、時折、権力者の意向に沿う意見や感想を出すだけになります。

(1) 受容的雰囲気の効果

授業における対話の場面では、相手の伝えたいことを真摯に聴く「聴き合い」の関係づくりが大切です。また全員が参加することへの、そこはかとない配慮などの受容的雰囲気が、率直な意見交換、深い対話をもたらします。

受容的雰囲気づくりには、物的・人的な環境設定が重要な意味を持ちます。対話における環境設定の重要性をあらためて認識する契機となったのは、拙著を読んだ若い先生の要請を受け、岐阜県の山間部の学校で小学校四年生に対話を活用した授業をしたときのことでした。

たった三名の児童でした。周囲には教育委員会の方々をはじめ、多数の参加者がいました。黒板の前に立ち、授業を始めました。当初、気後れしたのか子どもたちはほとんど話しませんでした。東京から来た大学の先生が授業する、また大勢の大人たちが参観しているといった状況では、子どもたちが緊張するのは無理もありません。そこで、机・椅子を横にどけ、ネクタイを取り、床に座り込み、話しかけました。すると、いつの間にか、子どもたちは笑顔となり、語り始めました。

それから四年後、つくばの中央研修会で講演を終えたとき、一人の先生が駆け寄ってくれました。なんと、そのとき招聘してくれた担任の先生でした。やがて帰宅すると、次のメールが届いていました。

先生、今日は本当にお会いできてよかったです。揖斐郡の山奥の小中合同の学校で指導いただいてから、もう四年が経ちました。あっという間だったのですが、あの時は、授業を観ていただくだけでなく、実際に多田先生に授業をやっていただき、何て幸せだったのだろうと、今でも信じられない気持ちでいっぱいです。

そして、本日、再会させていただけたこと、奇跡とさえ思えます。あの時の三人は、五年、六年と担任し、幸せな三年間でした。そして、学校の研究として対話を学べたことは、いま私の授業の根幹となっています。本当に貴重な学びでした。そして、先生がわずか三人の子どもたちのために岐阜の山奥まで来ていただけたことは、今考えても、やはり真の教育者だと、私の中では伝説的な存在です。

あのとき一人いた女の子は、中学校でのスピーチコンテストで県代表になりました。あの授業が生きていたと思います。

いささか面はゆい文章を掲載するのは、ネクタイを取る、床に座り込むといった、小さな工夫による環境設定が対話の雰囲気づくりに重要なことを、知っていただきたかったからです。授業後、担任の先生が送ってくださった授業風景の写真と子どもたちからの手紙は、今も手元に大切に保存してあります。

(2) 共創的な雰囲気づくり

対話型授業においては、受容的雰囲気を基調に置きつつ、「共創的な雰囲気」づくりも大切です。

新たな解や知恵を生起させる対話では、真摯さや高みを希求するため、ときには緊張感も必要です。筆者は、学生の指導においては、厳しさも必要と考えています。学びの場のルールを逸脱する行為は許容しません。また、例えば、対話場面において、安易な結論の出し方・集団浅慮は容認せず、全員参加によるさらなる論議・深い思考を強く要求します。この厳しさは、一人一人の学習者の潜在能力を信じ、学びの高みに至る愉悦を実感してほしいとの願いによるものです。多様な意見や感想などを受け入れる「安心して語れる受容的雰囲気」と共に、「高みを目指す共創的な雰囲気」があることが、深まりある対話をもたらします。

筆者は社会生活において、若者たちには、「礼儀正しい生意気さ」が必要であり、年長者は、度量の広さや寛容さを持つこと、さらに指針を示すことが大切です。このことは対話型授業における教師と子ども、子どもたち相互の関係にもあてはまると考えています。

【実践事例】

受容的雰囲気づくりをするための環境設定の具体例を列挙します。

(1) 可視的工夫

○机・椅子、場所

・机や椅子の有無、また普通教室か図書室か体育館か校庭かなど、授業の目的により場所を選定する。

・授業の学習場面に応じて机・椅子の配置を移動させる。

○人　数

・茨城大学附属中学校では、全員が活発に語り合うのに適正な人数として協同学習の基本を三名としている。神戸大学附属中等学校では四名を基本としている。チームの人数は、個々の発言数に影響を与える。学級の実態や学習目的に応じて人数を配慮したい。

○掲示・提示物

・掲示・提示物は、環境設定に重要な意味を持つ。

・東京都瑞穂町の小学校では、子どもたちが発見したり、気づいたりしたことを葉書大の付箋に書いて掲示できる場所がある。「春になり、ヘビが出てきました。かわいい目をしていました」「桜の花を見つけました」といったことが記してあった。

・島根県益田市の小学校を訪問したときのことである。廊下や階段の踊り場に、缶や牛乳瓶を使った一輪挿しが置かれ、可憐な花が活けてあった。一七名の子どもたちが、自分の一輪挿しに「野の花」を活けることになっているとのことであった。

・算数の実践研究を継続している栃木県の小学校では、廊下や教室の壁面に、既習したことを分かりやすくまとめた掲示がなされていた。鳥取県や新潟県の中学校を訪問したが、生徒が主体となり、学校をよくするための意見や、期末テストについての後輩へのメッセージなどが掲示されていた。

・東京都北区の小学校では、年間六回の研究授業での子どもたちの活動の様子が授業ごとにまとめられ、校長室の横の廊下に掲示されていた。

(2) 学習者の精神面への配慮

受容的雰囲気づくりに、学習者の精神面への配慮は決定的な意味を持ちます。子どもたちの構えを取って心を開かせる工夫には、下記のようなものがあります。

○構えを取る

・身体動作・身体接触は効果的である。リズミカルに手足を上げ下げする、一〇名の友達と握手する、次に握手して相手の目を見てニッコリする、声を出す、リズム感ある歌を合唱する、膝を叩きながら笑う、両手を上げてジャンプしながら笑う、友達とハイタッチしながら笑う、など。

○チーム編成の工夫

・三〜五名でチームを作る。「最近面白かったこと」を順番に話し、必ず全員が質問する。

・あまりなじみのない子ども同士を組み合わせる。「不安感を楽しむ」「失敗を恐れない」こと、相互理解が難しい場面もあるがそれを楽しむこと、を事前に説明しておく。

・チーム内の役割として、全員が語れるように配慮する「盛り上げ係」を作る。

(3) 授業開始時の工夫

授業の開始時は、学習目的の意識化と、学びへの意欲の向上のための時空です。具体的には次の内容・方法があるでしょう。

・既習事項の想起。前時までにどんな学習をしたかを、掲示物やノートなどで振り返る。
・教科書の既習部分を読む。
・教師が「今日の授業は、みんなでいろんな意見を出し合い、主人公の気持ちを深く考えていきましょう」「面積の求め方にも様々な方法があることを探していきましょう」等々の、子どもたちの学習意欲を高める導入をする。

学習院大学での集中講義の後のレポートには、次の文章が記されていました。こうした学生の記述に、小さな工夫が受容的雰囲気をつくることを確信しました。

集中講義最初の日の授業が始まる前は、よく知らない他の参加者たちに対して緊張感を抱いていました。もし、あの雰囲気のまま対話をしていたら、それは形式的な浅い対話になっていたでしょう。しかし、自己紹介や握手、軽いレクや短い対話を繰り返していくうちに、徐々に相手のことを知り、抵抗感や緊張感は薄れていきました。そして実にリラックスした状態で授業に参加し、対話することができました。自らの意見を開陳して批判されること、相手の意見に対して質問することへの躊躇がなくなったのです。先生は、対話しやすい場の雰囲気をつくってくださったのですね。

(4) 海洋校における総合的な環境づくり

水産・海洋教育（海洋技術コース、海洋創造コース）の実践を通して、社会に生きて役に立つ対話力を育成しているのが、新潟県糸魚川市にある県立海洋高校です。

二〇一八年五月、同校を訪問し、学校の理念について校長先生・教頭先生から説明を受け、施設を見学させていただきました。

ここで学ぶ生徒たちは、日常活動の中で、生きて役に立つ対話力を育む環境にあると気づかされました。ウラジオストック遠征や日本一周をする実習船「海洋丸」による航程では、深夜にイカを釣るような厳しい訓練の中で、船内では、声を掛け合い、助け合い、励まし合うそうです。また、四人部屋の船室では、様々な語り合いがなされるとのことでした。

こうした様々な場面での対話機会の日常化は、生きて役に立つ対話力を育んでいました。船内では、活動の折々に船員さんの指導を受け、友人と語り合い、商品開発や養殖においては先端技術を持つ専門家に次々と納得できるまで質問してきました。また、開発した商品の販売では、当初、恥ずかしく声が出なかった生徒たちが、やがて、自分たちの開発した商品の優れた点を、堂々と説明し、販売を促進するようになったとのことでした。

生徒たちは、実習船の船中で、また製品開発の現場で、どうしても聴きたいこと、はっきりさせたいことがあり、技術者に質問し、友達と意見を交換し、専門家に細部にわたって指導を受けたに違いありません。そこから、対話の大切さを我知らず体得していったと想像できます。必要感が、生きて働く対話力を育んでゆく環境づくりをしていたのです。

【発展】

環境が人々の生活に大きな影響を与えている具体例を、デンマークに見てみましょう。

(1) 対話を重視するデンマークの教育

二〇一七年、釜田聡（上越教育大学）、安藤雅之（常葉大学）両先生と共に、デンマークの教育事情の調査に行きました。デンマーク在住の高橋まゆみ氏（仙台大学教授）を頼ってのことでした。小学校・中学校・高校・大学を訪問し、校長先生はじめ、教職員のみなさんと懇談し、また施設を見学し、授業を参観しました。

デンマークの学校では、基本理念として民主主義社会の形成者の育成を掲げています。その具現化を高校訪問で知りました。高校は、理事会（Board）によって運営されていますが、学外理事五名に加え、教師二名（校長の選出権なし）、生徒代表二名が参加し、そのうち一名は、校長の選出権さえを持っています。

デンマークでは、二十歳代の国会議員、三十歳代の大臣が珍しくないのですが、その素地は青少年期から培われていたのでした。

注目したのは、対話重視の授業の日常化と、そのための環境設定です。訪問先の高校では、対話的環境づくりの一つとして、Friday cafe の場所と時間が設けられていました。金曜日の午後になると、校内の各所に生徒たちが集まり、自由に語り合うのです。飲み物も用意されていました。

小・中・高校の授業では「対話」の活用が日常化されており、机の配置も三～五名程度が論議しやすい形状になっていました。また訪問先の小学校には、学級の子どもたちが集まり、友達の主張を聴くための演壇と、登壇者の話を聴きやすくするように工夫された教室がありました。なお、高校の先生方によると、討議型の授業では、少数者の意見の尊重、「聴く」ことの重要性、「沈黙」の効果の活用、が重視されているとのことでした。

デンマークの教育の特徴は、自由の尊重と、生徒の多様な資質・能力が育まれる環境づくりが重視されていることでした。

その実際を、国内に二六〇校あるという、政府が七五％の資金を援助しているEfterskoleを訪問し、知ることができました。一四歳～一六歳の生徒（高校一～二年生に相当）が入学している、高校・専門学校・職人への進路決定前の教育施設です。全寮制で男女共学、教師も敷地内に住宅を持っています。自然豊かな広い校地にあります。全国各地には、芸術、スポーツ、競技（チェス）など多様な特色がある学校も存在しているとのことでした。

基本の教育理念として、多様な分野を総合的に学ぶことによって、独創性や専門分野の資質が伸びるとの思想があり、このため、美術・音楽・スポーツ施設が充実しています。訪問先の学校でも、芸術に関する様々な分野を学べる教室・設備（音楽、美術、現代アート）が設定されており、生徒たちが自分の興味・関心を持つ分野の制作・学習に取り組む姿を見ることができました。自治が重視され、談話室が完備され、食事作りや清掃は生徒が分担して行うとのことでした。印象的なのは、学ぶ生徒たちの快活さでした。

短期間の教育視察でデンマークの教育を軽々には分析できませんが、対話を活用しやすい施設、対話の日常化のための機会、子どもたちが友と共同生活をしながら自己の潜在能力を高めていく学校の在り方に、啓発されることは多々ありました。

(2) デンマーク在住の高橋まゆみ先生からのメール

～民主主義を基本とした教育～

「幸せの国デンマーク」からの生活のヒントを探すとすれば、それは、基本的人権が守られ、たとえ小さな個人の意見でも受け止められる機会があり、外国人であれデンマーク人であれ人間として正当に対等に平等に扱われる、デンマークで生きるには心身ともに強く健康であること……にあるといえます。

それを可能にするものとしてデンマークの教育があり、デンマーク人は「0学年」（六歳）から大学まで、教育機関は無償で受けられます。高校も大学も入学試験はないので、日本のような受験勉強や受験産業の存在はありません。しかし、義務教育修了時（九～一〇学年）と高校修了時に卒業試験があります。大学進学に際しては、高等学校卒業資格の成績ポイントで進学可能な大学の学部が決まるというシステムです。また一五歳からの進路選択のコースも複数あり、職業教育がしっかりしていて資格取得後の職業選択の可能性の幅も広いというのが特徴です。試験も暗記型ではなく、考えることに重点が置かれ、民主主義とはどういうことかなどを考えて卒業論文作成と口頭試問が含まれます。そのこともあり、授業では対話型、自主学習、グループ学習などが多く、助け合いながら学んでいく学習形態です。

デンマークの国民学校法で強調されていることは、「学校と保護者とが連帯感を持つ、生徒個々人の個性を尊重する、学習は実践に重きを置く、生徒に想像力と判断力を持たせて自信をつけさせる、社会性・民主主義を実践として教えること」ということです。

対話を民主主義社会形成の基本に置くデンマークの教育から、多くのことを啓発された思いがしました。

〈閑話休題〉

対話の日常化・小さな工夫の大いなる成果

授業中に対話を活用しただけでは、対話力は効果的に育まれません。日常生活における小さな工夫の継続が、対話力を高めていきます。実践研究を継続している先生方と語り合うと、対話型授業の学習効果を高めるために、先生方が自分の学級の子どもたちの実態を見据え、様々な工夫をしていることが分かります。そうした工夫が、子どもたちの対話力を高めているのです。

それらの実践の智を集約してみました。まだ十分に整理できていませんが、次のような小さな工夫が大きな成果をもたらしているようです。

- 声を出すことを日常化する。宿題を音読・朗読にする。学校であったことを家の人に伝えることを宿題にする。
- 気づき・発見をさせる。登校途中で気づいたこと、校庭で発見したことなどを報告し合う。
- 言葉にならなくても、表現している子に気づき、励ます。
- 小さな気づきを付箋に記して掲示するコーナーを作る。
- お互いに小さな差異に気づくように工夫する。多様な見方・考え方を習慣付ける。
- なぜ対話するのか、どんな配慮や工夫をするとよいのか、不安や失敗を楽しむ気持ちでよいこと、などを子どもたちに説明しておく。

- 聴くことが大切なことに気づかせる。聴かれていないと寂しい思いをすることを体験的に知らせる。
- 質問力を高める。質問しながら聴くこと、次々と質問する習慣を付けさせる。
- 二人または小集団での、ぼそぼそとした話し合いを大切にする。
- さりげないやさしさの関係、語れない子に話しかけるなどの子ども同士のお節介の関係を奨励する。
- 多弁な子には、友達が話せる配慮を工夫させる。寡黙な子には、臆せず語る勇気を育む。
- 創造的失敗を奨励する。その姿勢や勇気を褒める。失敗に落ち込まない自己復元力を高める。
- 行き詰まったときは友達に援助・支援を求めることを勧める。
- 発想力を豊かにする習慣を付ける。
- 互いの潜在能力への敬意を持つように配慮する。一人一人がヒーローになる場面を作る。このため、一人一人の様々な知識や体験を出させる。
- 自分の内側に、聴き手を引き付ける体験や発想があることに気づかせる。
- 待つこと、悩むことが、よいことだと気づかせる。
- 日常生活で起こるハードルの高い問題を、朝の会などで論議させる（例：外来種の肉食動物は駆除すべきか、学校園の田圃に農薬を散布すべきか、日本は難民を受け入れるべきか、など）。
- 子どもを開放し、夢中にさせる。一定の結論で終わらせない。

2 多様な意見・感覚・体験を持つ他者との対話機会の意図的設定

【解説】

一人では到達し得なかった発想や解決策などの叡智を共創していくことに、対話の本来的な目的があります。多様な意見・感覚・体験を持つ他者との対話は、視野の拡大、新たなものの見方の獲得などをもたらします。そうした意味で、多様な文化的背景・意見・感覚・体験を持つ他者との対話機会の意図的設定が、対話のよさを増進させます。

筆者は目白大学人間学部児童教育学科、青山学院大学女子短期大学、立教大学大学院異文化コミュニケーション専攻、東京大学教育学部、学習院大学教育学部で、グローバル時代の教育や対話について授業を担当してきました。また、全国各地の小学校・中学校・高校で出前授業をしてきました。

筆者の授業では、多様な意見・感覚・体験を持つ他者との対話機会を意図的に設定してきました。論議が必ず盛り上がり、参加者の満足度も高まるからです。

(1) 東京大学での多様性を活用したチーム学習

東京大学の「地球市民育成」に関わる授業で、地球的課題についてチームに分かれ、協同探究学習をしていたときのことを紹介します。この授業ではテーマ決定、調査方法、プレゼン方法などはすべて学生主体で進めました。

履修者は、七チームに分かれ、エネルギー問題、ジェンダー、日本の戦後の生活文化の課題などについて、共同調査、報告、提言をしました。その一つに「マウンテンゴリラの救済」をテーマとする発表がありました。現地国でマウンテンゴリラが捕らえられ、殺傷されている問題を調査したのです。

このチームには、国際法、文化人類学、アフリカ学、国際関係論、比較教育学、言語学、観光経済学を専攻する学生や大学院生が参加していました。この専門分野の多彩さが、多様な視点からの論議を生起させました。

例えば、マウンテンゴリラが殺傷される要因についての探究段階では、現地の食糧事情、現地の人々の貧困問題と共に、ゴリラの子どもが高額で欧州の動物園に売られること、また欧州には野生の肉を好む人々がおり、ましてや貴重種の肉は高額で取引されていることなどの調査結果が報告されました。

さらに救済のための具体的方途については、専門の立場から、教育による啓蒙、野生動物保護のための国際法の整備、国際機関の役割などが検討されました。また、現地の人々の困窮した生活を経済面から支える方途の必要と具体策が論議されました。やがて、根本的解決の方法としてツーリズムが提案されました。マウンテンゴリラを間近に観られることを観光の目玉にすれば、観光客が集まり、地元が経済的に潤うとの方針で一致し、試算も提示されました。やがて、現地政府への英文の提案書も起草され、実際に大使館に届けられました。

この協同探究学習は二か月の期間にわたり、断続的に継続しましたが、学生たちは論議の面白さに、授業外にも自主的に集まり、語り合っていました。

(2) 知性の疲労への挑戦——共創型対話の活用

学生たちと日々接していて危惧するのは、判断を他者に委ねる傾向、複雑さを忌避する性向の蔓延です。このことは社会全体に波及しているようにも思えます。時間をかけて思考を深め、複雑な課題を多様な視点から論議することを、「面倒くさい」「くたびれる」と避けていく性向が蔓延しているように思えてなりません。この根底には、「難しいことを論議するのは疲れる」「誰か決めてくれればいい」と考え、対話することを辛がる「知性の疲労」があるのではないでしょうか。

筆者は、対話を四つの型に分類しています。すなわち「真理探究型」「指示伝達型」「対応型」

の対話、そして「共創型」の対話です（この「対話の四類型」の詳細な説明については、拙著『対話力を育てる』〔教育出版〕を参照ください）。

筆者は「共創型対話」こそ、対話型授業の中核となると考えています。その根底には、知性の疲労への挑戦心があります。面倒くさいかもしれない、時間がかかるかもしれない。しかし、様様な人々がときには時間をかけて、多様な視点や感覚、体験などを出し合い、対話することによってこそ、納得できる解や新たな叡智が創造できる、その愉悦を体験させることを通して、人間が持つ、深く感じ、考える知性を復権させたいとの強い思いがありました。このことは、学校教育の根幹の転換を迫るものとも捉えています。

効率・スピード重視から、Negative Capability（曖昧さ、もやもや感）を大切にする教育への転換です。

「共創型対話」の基本理念は、叡智の共創です。「共創型対話」では、相手は打ち負かすべき、利害損得を争う相手ではありません。自己・他者・事象との対話において多様性を尊重・活用することにより、自他の「世界」を豊かにし、さらに新たな知的世界を共創していくことができます。

価値観や文化的背景が違う人々と、心の襞までの共感や、完全な理解をすることは不可能であるかもしれません。しかし、互いに、叡智を出し合い語り合えば、むしろ異質なものの出合いによってこそ新たな世界が拓かれる、「共創型対話」は、こうした考えに立っています。

【実践事例】

(1) 多様な視点からの環境整備

東京都青梅市の小学校の多様な他者との対話機会を活用した実践事例を紹介しましょう。四年生が学校の裏を流れる小川の環境の整備について、調査し、話し合い、自分たちができることを提言しました。この協同学習の特色は、下記に列挙したような多様な立場からの調査をしたことです。小川が汚れていく現状を調査した後、各チームから次の報告がされました。

・お年寄りのために……川のそばを散歩しやすくするため、水飲み場やベンチ、道の整備など、あってほしい川の周辺の様子を絵や図に描き、市役所の担当部署に届ける。
・周辺の人々のために……周辺に住む人々にインタビューし、川の汚染で困っていることや美化への願いをまとめる。
・子どもたちのために……川遊びができる場所を決める。遊びのルールを作る。
・魚やカエルのために……小魚やカエルなどになったつもりで、小動物が安心して棲めるように、捕るのをやめる、棲みやすい環境づくりをすることを提言する。

・外国人のために……掲示板を作り、川の生き物の写真を貼り、英語で紹介する。

その後、自分たちでできることを話し合い、ごみを捨てないように家庭でも呼びかける。人間や他の動物にとって理想の小川の周辺の絵をチームごとに描き、ポスターとして掲示する、花を植える、などの活動をしました。

(2) 長崎創楽堂のアートマネジメント事業

長崎大学の長崎創楽堂で、「世界の窓としての出島――グローバル時代の対話型人材育成」との演題で講演したのは、、堀内伊吹（長崎大学教授、副学長）先生の招聘によるものでした。

長崎創楽堂は、ピアノなどのリサイタルや日韓音楽交流会などが行われてきた、音楽を専用とするホールです。そうした創楽堂で、「対話」についての講演の意味について堀内先生に問うと、「文化を支える人の育成、すなわち、アートマネジメント人材の育成を目指した連続講座に位置付けています」「文化とひとことに言っても幅が広く（生活文化から芸術文化まで）、支える人材といっても、専門のアートマネージャーだけでなく、行政の文化振興に関わる人、実際に文化活動を行っている人、あるいは、文化活動を支援している人、さらには、文化そのものを楽しんでいる人も含まれるかと思います」と話してくださいました。

堀内先生の幅広い文化観に啓発されました。その夜、先生と二人して、音楽と数学の共通点、文化を柔軟な発想、多様な視点から考察・検討することの意義について語り合い、実に楽しい対話の時間を過ごしました。

(3) 院内学級の子どもたちと大学生との交流

院内学級の子どもたちと大学生との造形活動を通した交流の事例を紹介します。実践者南雲まきさんは、美術教育を専門とし、油絵の作者としても透明感のある色彩で、感性の鋭い作品を描いています。次の文章は、その南雲さんが、東京都立小平特別支援学校部武蔵野分教室に教諭として勤務していたときの実践報告からの抜粋です。

私が美術科教員として武蔵野分教室に着任し、はじめに担当したのは筋疾患の子どもたちで彼らの多くは内面に豊かな創造性を抱え、しかし、身体の障害によってその創造性の発露が難しい子どもたちでした。筋疾患の子どもは筋力が弱いので、まず、描画材を工夫する必要がありました（※南雲先生はそこで、筆ペンの活用などによる工夫で、表現の楽しさを子どもたちに体験させせます）。

絵を描き、造形活動を行う喜び、それは、まずは自分の頭の中にしかなかったイメージが、自分の手によって具現化するという喜びです。そして、次に、自分の抱くイメージが、誰かに届く喜びです。表現活動を行うには、多かれ少なかれ勇気がいります。開示した自己を承認してもらえるかという不安を越えなければ、表現活動は行えません。病院スタッフの方々は、多忙な中、子どもたちの造形活動や作品に目をとめて、たくさんの肯定的な言葉をかけてくださいました。それらの言葉が子どもたちに与えた影響は計り知れないものがあります（※子どもたちの作品を作成することの喜びをさらに感得させるため、「ふれる・もつ・かんじる展」を近隣の東京学芸大学美術教室と共同で開催することにしました）。

東京学芸大学の美術科の学生は、障害のある子どもと接する機会は初めてという学生が多く、緊張しながらも事前に何回か機会を作って病院に会いに来てくれました。このような機会を通して、「ふれる・もつ・かんじる展」は、単なる作品展ではなく、病院から外に出ることが難しい子どもたちと教育者を志す学生たちをつなげる場となりました。お互いの名前と顔が分かる関係になると、その人に会いたい、その人に自分の作品を見てもらいたいという気持ちが湧いてきます。子どもたちは意欲を持って作品を描き、今までにないような大作を多く描き上げました。

（学生たち）「鮮やかな色づかいの水彩画、筆ペンの特性を生かした擦れや強弱のある巧みな墨絵、最新機器のｉＰａｄを活用した巨大なデジタル画など、どれも本当に味わい深いものだった。コントロールしきれない筋肉、関節の可動域、制作可能な時間、使用可能な描画材の考慮など、実に複雑な制約の中でそれらの制作が行われていた」

学生たちの新鮮な意見や感想は、教員としての私にも大きな学びをもたらすものでした。

このように、子ども、学生、教員、保護者、病棟スタッフ、それぞれがこの作品展を通して人間関係を構築し、変容させ、それぞれの学びを得ながら、作品展は回を重ねてきました。

南雲さんの実践報告を読み、映像資料を見せていただき、現場で起こった様々なエピソードを聴きました。南雲さんはしみじみと「身体に障害を持つ子の中には、悲惨な成育歴、恵まれない家庭環境の子も多いのです。この子たちは、自分はいなくてよい、自分は何もできないと、悲しく思い込んでしまう子たちもいます。そうした子たちが自分の造形作品を多くの人々に認められることによって、自分に自信を持ってきたのです」と語ってくれました。

この実践から、多様な人々や事象との出合い、そこでなされる言語・非言語による対話が参加者の発展・成長の要因になることを確信しました。

【発展】

多様性の教育的意義を明確にしたのは、ユネスコの「文化の多様性に関する世界宣言（二〇〇一）」でしょう。その第一条「人類の共有遺産としての文化の多様性」には、「文化的多様性は、交流、革新、創造の源として、人類に必要なものである。この意味において、文化的多様性は人類共通の遺産であり、現在及び将来の世代のためにその重要性が認識され、主張されるべきである」と記されています。

一二条にわたるこの条文の中で、ことに注目されるのは、第三条「発展の一要素としての文化的多様性」です。ここには、「文化的多様性は、すべての人に開かれている選択肢の幅を広げるものである。文化的多様性は、単に経済成長という観点からだけ理解すべきではなく、より充実した知的・感情的・道徳的・精神的生活を達成するための手段として理解すべき、発展のための基本要素の一つである」と、多様性こそ発展の要因であることが明記されています。

多様性は、確かに発展の要因となります。しかし、多様性の活用は、なかなかに難しいことなのです。なぜなら、時間の感覚、食べ物の好き嫌い、また対人距離にみられるように、同一現象でも異文化ではその受け止め方が違うこと、認識の落差、解釈のずれが起きるからです。

川端末人氏（神戸大学名誉教授）は、次のように記しています。

> 自文化中心主義は、エスノセントリズム（ethnocentrism）の訳で、自民族中心主義ともいう。自己の所属する集団をあらゆるものの中心であるとし、その価値観や世界観を絶対的に正しいとし、それを基準として文化的背景が異なる人々の行動や思考に対し善悪、優劣、正常、異常の価値判断を下す態度や見方をいう、文化相対主義と対立する概念である。
>
> （『国際理解教育辞典』創友社　一九九三）

川端氏の指摘する「自文化中心主義」を打破するには、どうすればよいのでしょうか。

多様性を活用することは難しい。だからこそ、幼少時期から、多様な意見・感覚・体験を持つ他者との対話機会を意図的に設定することが大切なのです。誤解を克服するためには、幼少時期からの教育が重要となります。その方向を新木啓子氏の「多様性教育」に関する次の見解に見てみましょう。

①自分の内部にある複数性（「複合性」テーラー、一九九六）、「ハイブリティィ」（ホール、一九九〇）、「不純さ」（竹内、一九九五）を引き受けること。
②同一集団内部に多様性の存在を発見し、「本質主義」を解体し境界の構築性を暴く。
③マジョリティ／マイノリティ、中心／周縁など、自己を場とする複数の権力関係の存在を認識し、これらを解体する契機とすること。
④「複数のアイデンティティ」が、マジョリティによるマイノリティへのラベリング（マイノリティと表象されることで固定される権力関係）を解体すること。
⑤自己と異質と思われてきた他者との共有部分を発見し対話を進めること。
⑥他者の多様な経験に対する承認と想像力を養うこと。
⑦多様な他者の語りによってのみ社会の実像を表し得ること。

（新木啓子「多様性教育についての一考察」帝塚山学院大学国際理解研究所『国際理解』三五号　二〇〇四）

グローバル時代の到来は、自文化・伝統文化を遵守しつつ、多様な文化や価値観、人々の生き方をも包摂できる、多元的・複合的なアイデンティティの形成の必要性を現実化しています。多様な意見、感覚・体験を持つ他者との対話機会の意図的設定は、多元的・複合的なアイデンティティの形成にもつながっていきます。

3 差違性の尊重、対立や異見の活用による思考の深まりや視野の広がり

【解説】

課題・問題の探究に向かう共通認識さえあれば、意見や感覚の違いは、むしろ対話を深めます。対話の意義は自己や他者との交流を通して、新たな思考や感覚、叡智を創り出すことにあります。その際に大切なのが、差違、対立や異見など「ずれ」の活用です。「ずれ」を意識し、生かすことにより、「対話」は深まっていきます。

(1) 「漁民と農民の対立」

筆者が出前授業でよく活用するテーマに、「漁民と農民との川の利用に関わる対立」があります。概要は次の通りです。

狭い川の上流に、魚を捕って生計を立てている人々（漁民）がいます。下流には、その川の水を利用して米作りをしている人々（農民）がいます。上流の漁民たちは、川いっぱいに網を張り、

そこに向かって石を投げたり、竹材で川面を叩いたりして魚を追い込みます。このため、川の水が汚れ、ごみが浮き、下流の農民たちが怒っています。この対立を解消し、漁民も農民も共に納得する解決策を考える協同学習でした（本実践は、松江市立伊野小学校の福田秀治教諭の実践を中学生用にアレンジしています）。

富山県砺波市の中学校三年生に授業をしました。授業の流れは次の通りでした。

①握手や「じゃんけん質問」などをして、構えを取る。

②授業の目的は、様々な意見を出し合い、解決策を考えることであること、このため、臆せず意見を出し、不安や失敗も楽しむこと、さらに、対立や異見を利用すること、などの心構えを伝える。

③一人一人が自分なりの解決策を考える。

④次いで四～五名のチームとなり、各チームごとにアイディアを出し合い、一〇以上を目標に様々な解決策を出す。

⑤出された解決策を調整したり、統合したりしつつ、各チームの解決策を三つにまとめ、ホワイトボードに書いて全体の前で発表する。

⑥すべてのチームのホワイトボードの写真を黒板に掲示し、相互に質問する。また、他の有効な解決策はあるか、全体で討議する。出されたアイディアを分類・整理する。

⑦今日の授業の感想を、全員が一言ずつ述べる。

この授業では、対立や異見を活用する場面が次々と出てきました。例えば、「漁民が川の使用の時期を制限する」との意見に、「それでは漁民が生きていけない」との反対が出る。それに対し、「川の半分まで網をかける」「最盛期だけを漁期にする」「捕った魚を農民にも分配する」などのアイディアが出ました。全体討議では、対立の解決策として、部分合意、留保条件、漁民と農民の村落の若者が婚姻し一つの村になるなどの発想の転換、また、当面の部分合意や留保条件を経て、やがては用水路を掘るなどの段階的解決法、第三者による調整などに分類・整理しました。

生徒たちは、全員が自分の思いを存分に語り合い、全体の振り返りの段階では、いままで寡黙だった子が斬新なアイディアを出し、仲間から歓声が上がりました。対立や異見があることが対話を深めることを、生徒たちは身体いっぱいに感じたようでした。

授業を終えて校長室で休息した後、玄関を出ようとすると、数名の生徒に「こちらに来てください」と呼び止められました。ついていくと、なんと三年生全員が集まっていました。生徒代表が、授業についての感想と謝意を伝えてくれました。やがて、全員で卒業式に合唱する「旅立ちの歌」を歌ってくれました。驚きと感動で、しばし動けませんでした。

(2) 「異」との出合い

幕末のペリー来航の折、刷られた浮世絵のペリーの肖像は異形でした。未知への恐怖が、怖い異人像を描かせたのでしょう。人は異なるものに拒絶心を持ちます。恐怖さえ感じます。

グローバル時代の人間形成の要諦は、「『異』との出合い」が自己の世界を広げ、学びの愉悦をもたらすよさがあることを感得させ、異なるものに興味を持ち、尊重し、活用していく姿勢を培うことにあるのです。「『異』との出合い」こそ、二一世紀の人間形成の要諦と思えてなりません。差違性の尊重、対立や異見の活用は、深層性ある対話を生起させ、深い思考力を育んでいきます。

学生たちには、旅に出ること、多様な人々と対話することを勧めています。旅、そして対話は、「『異』との出合い」の機会です。筆者自身、世界を旅し、ヒマラヤのシェルパ族の人々のそこはかとない優しさを感得し、パレスチナの若者から国無き民の思いを知り、新潟の山間部の農村では現代の農業の厳しい実情を実感させられました。極地研究者、定時制高校の教師、多国籍企業の社員、へき地教育に取り組む教師、自然農法に夢を託す若者など、様々な人々との対話は、知見を広げ、自己の人生観・教育観を広げてくれました。

こうした自己体験からも、「『異』との出合い」による、対立や意見のぶつかり合いを学習に持ち込むべきと考えています。

【実践事例】

(1) 姫路市立東小学校の「多様性を生かして考えを積み重ねる対話」を核とした実践研究

同校では、「児童の生活・学習面に由来する多様性は教師の負担と考えられてきたが、『対話』を活用することにより、自分とは異なる多様な考えに触れ、深く考えることで思考力は育つ」「授業の中に多様性が出てくると児童が多様な視点を獲得し、また多様な視点から物事を考え、自己の持っていた曖昧な考えがはっきりしたり、偏った考えが多面的な考えになったりする」と捉え、算数・道徳における対話型授業を創ってきました。

同校の授業は、概ね次の手順で展開していきます。

①子どもたち一人一人の考えを出させる。
②子どもたちが考えを分類・整理し、「共通点は何か」「なぜそう考えたのか」「本当にそう言えるのか」をキーワードに、相互に質問し合う。
③教師が揺さぶりをかけ、さらに考えを深める対話を促す問いを出す。
④授業の振り返りをする。

五年生の算数「割合を使いこなそう」の授業（坂村昭博教諭）の展開例を、以下に紹介します。

学習課題：「値段が一五〇〇円のデジタルカメラを、もとの値段の一〇%を引いた値で買います。代金は何円になりますか。」

①子どもたち一人一人が、様々な解法を出し合う。

②子どもたちの様々な解法を、A（線分図）、B（関係図）、C（面積図）の三つに分類する。

③三つの解法を比較させ、また疑問点を相互に質問させ、共通点や相違点に目を向けさせる。どの解法がどんな点でよいか論議させる。

④考えを深めるため、答えが他とは違った解法について、不明な点や疑問点について対話させる。数字の意味や図の表すことについて明確にしていく。

⑤学習したことを確かめる、少し高いハードルの問題を提示する。

⑥学習を振り返る。

数学は、原理や規則性の探究の学問といわれます。原理や規則性が解明されると、次の高みに発展していく学問とされています。本実践事例における「共通点は何か」「なぜそう考えたのか」「本当にそう言えるのか」をキーワードにした相互質問の段階は、原理や規則性の探究であり、原理や規則性が分かると学問としての数学が発展することを示したのが、教師による「考えを深める」段階とみることができます。

次に、六年生の道徳授業「『福の神になった少年』――人生の生き方を考える」の実践事例（吉村里織教諭）を考察します。

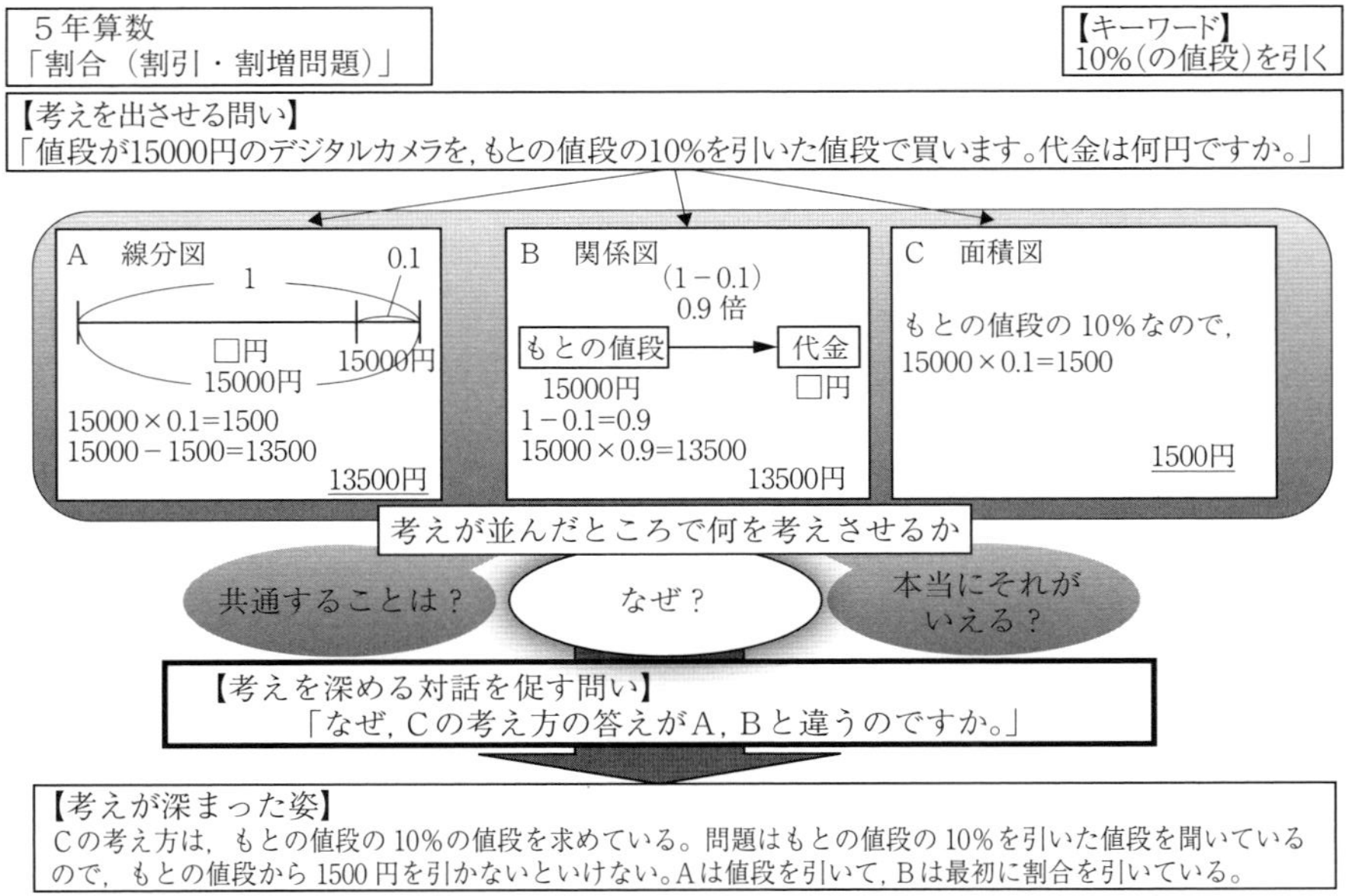
5年算数
「割合（割引・割増問題）」
【キーワード】
10%（の値段）を引く
【考えを出させる問い】
「値段が15000円のデジタルカメラを，もとの値段の10%を引いた値段で買います。代金は何円ですか。」
A　線分図
1
0.1
□円
15000円
15000円
15000×0.1=1500
15000－1500=13500
13500円
B　関係図
（1－0.1）
0.9倍
もとの値段
代金
15000円
□円
1－0.1=0.9
15000×0.9=13500
13500円
C　面積図
もとの値段の10%なので，
15000×0.1=1500
1500円
考えが並んだところで何を考えさせるか
共通することは？
なぜ？
本当にそれがいえる？
【考えを深める対話を促す問い】
「なぜ，Cの考え方の答えがA，Bと違うのですか。」
【考えが深まった姿】
Cの考え方は，もとの値段の10%の値段を求めている。問題はもとの値段の10%を引いた値段を聞いているので，もとの値段から1500円を引かないといけない。Aは値段を引いて，Bは最初に割合を引いている。

図４　授業の全体構想図

教材の概要：知的障害のあった四郎は大人になっても仕事をせず、散歩ばかりし、ばかにする人もいた。しかし、四郎を快く迎えてくれた店は繁盛し、やがて福の神と呼ばれた。

この授業では、四郎の生き方や周囲の人々の四郎への対応について論議した後、後段で、人生における幸福とは何かについて意見を出し合いました。主な意見を列挙します。

・四郎は良いところを認められ幸福だった。愛されていた、それが幸せだ。
・四郎の持っている良さを引き出し、仕事ができたらもっとうれしいはずだ。
・まわりの人の助け合いが大切だと思う。
・人によって良いところは違う。同じことができなくとも、良さを見つけることが大事だと気がついた。
・家族は生きていてくれさえすればと思っているかもしれないけれど、やはり人に役立つ仕事をしないと幸せではない。
・家族やまわりの人が体が動かなくなっても、優しくすることを忘れずにいたい。

授業を参観し、後段における子どもたちの多様かつ深い考え方は、前半の四郎の生き方と周囲の人々との対応について、意見や感想の違いを生かし、様々な角度から論議したことによってもたらされたと感じました。

(2) 日本科学未来館の「生物多様性」をテーマにした協同探究学習

学習課題：生物多様性の劣化を招く人間の経済活動と、生物多様性を守る自然保護、未来はどちらの方向に向かって進むべきか。

この学習課題について、参加した生徒や学生がチームに分かれ、ロールプレイで論議していく学習です。時間は一二〇分です。展開は概ね以下の通りでした。

①ミニレクチャー：日本科学未来館の専門家が、パーム油が人間の生活に役立っていること、また、パーム油の生産量世界一位のマレーシアのアブラヤシ林の拡大と地域の自然崩壊について、資料をもとに現状を解説する。

②チームの論議：参加者を社会的立場の異なる下記のチームに分け、それぞれの立場からの主張を考えさせる（各チームの参加者が、事前調査をしてくる）。

自然保護派……自然環境の研究者、ネイチャーガイド、有機農家

経済活動優先派……先進国の消費者、アブラヤシ生産者、グローバル企業の社員

③チームの主張の発表：それぞれの社会的立場からの主張を発表する。

④最終論議：「自然保護を優先していくのか、経済発展をさせていくのか」について、全員で論議する。

参加した生徒や学生は、それぞれの立場からの主張により、問題の複雑性や、様々な事象が関

わっていることについて、認識を深めていきました。このことにより、「アブラヤシの林の拡大は直ちに禁止すべき」との意見に、「現地の人々の生活を考慮すべき」「先進国の消費者への啓蒙活動が必要」「緑の回廊にみられるように他の動物の生育地の減少は人間の責任だ」などの様々な意見が出され、意見の対立や、ときには激しいやりとりを経て、人間の豊かな生活の探求と自然保護・生物多様性との関わりについて、多層的・多角的に思考を深めることができました。また、では一体どのような解決策があるかについて、具体的な解や知恵を出し合っていました。

こうしたプロセスを通して、自然の調整、世界と関わりのある自己、科学的見方の大切さを学び、答えのない難題への対応方法、社会的合意形成に至る対話、批判的思考の方法を習得していったようでした。

【発展】

(1) 新渡戸稲造に学ぶ

真の国際人として世界の人々に敬愛された代表的な日本人は、新渡戸稲造でしょう。稲造は、国際連盟の事務局次長として、世界の秩序と平和のために献身しました。その代表例がスウェーデンとフィンランドとのオーランド諸島をめぐる領土問題の解決でした。稲造は、激しく対立する両国の主張を調停するため、オーランド諸島はフィンランド領とする、軍事・外交を除く高度の自治権を島民に与える、スウェーデン語を公用語とし固有の文化を認める、非武装・中立地帯とする、との提案をし、両国と国際連盟の承認を得ました。オーランド諸島は現在も、軍備を持たない自治の島として存続しています。対話により国際紛争を解決した成功例として、「新渡戸裁定」は今も語り継がれています。

稲造は、なぜ困難な国際紛争を解決できたのでしょうか。その理由を、稲造の生涯をたどることにより考察してみましょう。

一八六二年、南部藩の武士の子として誕生します。祖父と父、そして兄は十和田湖周辺の荒地の開拓に取り組んだフロンティア・スピリットを持つ人々でした。やがて、叔父の養子となって上京します。福沢諭吉と出会い影響を受け、また、東京外国語学校で学びます、その後、札幌農学校に入学し、クラーク精神に感銘を受けます。東京帝国大学に入学、機会を得てアメリカに留学します。アメリカで後の妻となるメアリーと出会い、信頼を深め合います。帰国後、女子教育の必要を感じ、普連土女学校の設立に寄与します。

ドイツに留学し、博士号を取得します。再度、アメリカに渡り、周囲の反対を押し切りメアリーと結婚、帰国し、札幌農学校教授となります。やがて、勉学の機会が困難な青年のために遠友夜学校を設立します。外国人に分かりやすく日本の精神を紹介した世界的な名著『武士道』を執筆、出版します。

京都帝国大学教授を経て、第一高等学校校長として「人格を育てる教育」を推進します。日米交換教授、東京帝国大学教授、拓殖大学第二代学監、東京女子大学初代学長を歴任します。やがて、国際連盟事務次長、太平洋問題調査会理事長に就任し、国際理解と世界平和のために活躍。カナダ西岸のビクトリア市にて七一歳の生涯を閉じました。


こうした稲造の生涯を概観すると、対話の活用による「差違性の尊重、対立や異見の活用による思考の深まりや視野の広がり」についてのヒントを見いだすことができます。

第一は、無理解、誹謗中傷など様々な困難に臆せず、果敢に問題・課題の解決に向かう姿勢と精神です。逆境をむしろ生かす開拓者精神です。

第二は、「『異』との出合い」の体験の継続による、視野の広さや柔軟な思考の体得、グローバル対話力の習得です。アメリカ留学、ドイツ留学などにおける、「『異』との出合い」は、稲造に人々の生き方の多様性と普遍性、異文化間の相互理解の難しさと、それを乗り越えたときの喜びを認識させたと推察します。

第三は、共感・イメージ力です。稲造の思想の根底にあるもの、それは辛い立場の人々への共感であったように思えてなりません。女子教育学校への支援、貧しい家の子どもたちのための夜問学校の設立、留学生の積極的な受け入れ、動物愛は人類愛の延長であるとし、動物愛護運動を啓蒙し、さらに、すべての人々に医療を受けさせたいと医療利用組合を作ることに尽力しました。第一高等学校校長在任時代に、お金に困っている生徒がいると、名前を告げずにそっとお餅やお金を届け、授業料を貸したなどのエピソードに稲造の人柄を感得させられます。

新渡戸稲造の生き方から示される、困難への果敢な挑戦心、異質・差異・ズレと出合い、それを活用した体験、多様な他者や生き物への共感・イメージ力は、差違性の尊重、対立や異見の活用による思考の深まりや視野の広がりをもたらす主要な要件といえるでしょう。

付記すれば、差違性の尊重、対立や異見の活用による思考の深まりや視野の広がりがもたらす対話型授業では、切実感が深層性ある対話をもたらすことが多々あります。

島根県松江市の須佐小学校では、竹島問題をテーマに小学校五年生が様々な立場になり論議しました。また高知市の小学校では、やはり五年生たちが、カツオがとれない漁船が沖合で他国の船から購入することの是非をめぐり、漁師、消費者などの立場になり論議をしました。子どもたちの地域にとって身近であり、また切実な問題であることが、深い対話を生起させていました。

(2) 対立・差異性を活用して思考を深めていく「知識構成型ジグソー法」

対立・差異性を活用して思考を深めていく学習方法としての「知識構成型ジグソー法」につい

て紹介しておきます。この学習方法は概ね以下のステップによります。

ステップ1：一人では十分な答えが出ない課題を、まず自分一人で考え、分かっていることを意識化する。

ステップ2：三グループに分かれ、答えを出すための部品となる三つの資料を読み、「エキスパート」となる。

ステップ3：ジグソー活動で、交換統合する。三つの部品を統合的に活用し、課題にアプローチする。課題への自分たちなりの説明を作る。

ステップ4：クロスワークで発表し、表現を見つける。他者の意見に耳を傾けて、自分たちも全体への発表という形で表現をし直す。各グループから出てくる答えは同じでも、根拠の説明は少しずつ違う。互いの答えと根拠を検討し、その違いを通して、一人一人が自分なりのまとめ方を吟味するチャンスが得られ、一人一人が納得する過程が生まれる。

ステップ5：一人に戻り、思考を深める。はじめに立てられた問いに再び向き合い、最後は一人で問いに対する答えを記述する。

「知識構成型ジグソー法」の理論と実践方法を研究し、普及させている白水始（東京大学高大接続研究開発センター教授）先生とは、ＪＩＣＡと国立教育研究所の共同研究「グローバル化時代の国際教育のあり方国際比較調査研究」、および二一世紀型能力の検討の仲間でした。白水先生は、

「知識構成型ジグソー法は、意図的に三グループに分かれ、専門的識見を習得した上で、多面的・多角的見方・考え方をぶつけ合い、話し合うことによる、新たな解や智恵の共創（話し合うことにより私たちの考えがよくなる）する学習方法です」と説明しています（「知識構成型ジグソー法」の詳細については、白水先生の著書を参照ください）。

4 自己内対話と他者との対話の往還による思考や視野の広がり

【解説】

対話は、自己内対話と他者との対話の往還の継続です。ここでは、自己内対話・他者との対話、また自己内対話と他者との対話を往還させていく意義について解説していきます。

(1) 自己内対話

自己内対話とは、内なる自分と向き合い、自分の考えたこと、感じたことを明確にしていく、主体的な対話です。この自己内対話では、以下のことが重要です。

①自分の考えを持つ習慣を身に付けること

自分の考えを持つためには、日頃からの訓練が必要です。様々な社会上の問題や日常生活の課題に関心を持ち、根拠を挙げて、自分の意見をまとめる訓練をたくさんすることです。多様な視点から根拠を挙げるように心がけると、説得力ある意見になります。訓練を続けていくと、次第に短時間で自分の意見をまとめることができるようになります。

②自分の力で思いを巡らし、自分の力で探究すること

悩んだり迷ったり戸惑ったり考えがまとまらなかったりする時間を経て、現時点での自分なりの考えを、自分の力で探究していくことです。こうした漂うような思考の時空を「浮遊型思索」と名づけました。ふわふわとして、まとまりのない思索の時間を経てこそ、やがて納得できる自分の考えが浮かび、まとまってくるのです。自己内対話とは、浮遊型思索の時間でもあるのです。

③自分の認識の仕方や考え方・感じ方を再組織していくこと

自己内対話の大切な機能は、自己変容にあります。自分自身の気づき・発見により、自分の認識の仕方や考え方・感じ方を変えていく。また、他者からの刺激により、自分の認識の仕方や考え方・感じ方を再組織していくことです。

(2) 他者との対話

他者との対話とは、参加者同士が応答し合い、新たな解や叡智を共創していく協同的な対話で

す。他者との対話では、以下のことが重要と考えています。

①対話の基本は「応答」

対話の基本は「応答」です。国際的な会議などの場では、相手が語りかけているのになんの返答もしないことは、相手を無視していると受け止められ、失礼だととられかねません。短くてもよい、とにかく言葉に出して応える習慣を身に付けることです。うなずいたり、あいづちを打つだけでもよいのです。

②対話は「聴き合い」

対話とは「聴き合い」です。「聴く」とは聞き流すことではありません、相手の伝えたいことを正確に聴き取り、また相手の伝えたいことを引き出し、さらには、聴きながら、納得・共感、反発・疑問、混乱などの過程を通して、自分の新たな考え方を再組織化していく、そうした意味で聴くと、受け身でなく積極的行為となるのです。

③疑問を持つ、質問力を高める

筆者はカナダの高校に勤務してきました。帰国後、日本の高校生に授業をしていて、物足りなく感じる一つが、質問力の弱さです。カナダの高校の授業では、疑問があると積極的に質問してきました。他方、日本の高校生が授業中に質問することはまれです。この要因は、授業を受ける姿勢にあるように感じました。カナダの高校生は疑問点を見つけながら授業を受けますが、日本の高校生には、授業全体が終わってから、あらためて質問を考える傾向があるようです。疑問を持ち、質問力を高めることが、他者との対話を充実させていくのです。

④響感・イメージ力の大切さ

他者との対話においては、十分に言語化されていない表現、うまく説明ができていない発言がよくあります。それらについて、相手の心情や立場、発言の背景にあるものについて響感・イメージする力が、きわめて大切です。ときには婉曲な表現、暗喩に真意が秘められていることもあります。そうした響感・イメージ力を発揮した対応が、信頼感を醸成していくのです。

(3) 自己内対話と他者との対話の往還の意義

自己内対話と他者との対話の往還の意義は、参加者が協働して、課題を探究し、新たな解や知恵を共創していくことにあります。子どもたちが対等の立場で関わり合い、異質な思いや考えをすり合わせながら皆で価値あるものを創り出そうとするとき、「対話」は活性化します。

子どもたちが対等の立場で関わり合うためには、自分の意見や感想を持たねばなりません。自己内対話は、自分の意見や感想をまとめるための時空です。他者との対話の目的は、問いや課題を共有し、その探究に全員が参加すること、相互理解の難しさを認識しつつ、知恵を出し合い、皆で共有できる学びの成果を生み出そうとすることにあります。

他者との対話により啓発されたことを、自己との対話により内在化させる。また、自分の意見や感想を再組織する。自己との対話により、再組織されたことが、他者との対話において表出することにより、より高みが希求できる。こうした自己との対話と他者との対話の往還によって、次々と新たな知的世界に入っていき、さらに仲間と共に学ぶことの楽しさや、仲間とつながり、分かち合う喜びを実感できます。ここに、自己との対話と他者との対話の往還の意義があります。

この「自己との対話」と「他者との対話」の往還は、学習の目的や流れに応じて柔軟に活用されます。「自己との対話」が次々と継続し、まとめの段階で「他者との対話」が活用される場合もあるし、「他者との対話」が先にあり「自己との対話」が次の段階になることもあります。「他者との対話」そのものも、固定したチームの構成員だけでなく、他のチームの人との情報や意見・感想の交換もあります。大切なことは、多様な他者との交流により、視野や思考の幅を広げたり、自己内対話により自分自身の感じ方・考え方を深めたりしていくことにあります。

【実践事例】

「思考を深める対話型授業研究」を課題に継続してきた秋田大学教育文化学部附属小学校の実践研究を紹介します。東京都新宿区立落合第三小学校の対話型授業の実践報告会での筆者の基調講演を聴いて、共感してくれた熊谷尚研究主任の招聘を受け、事後三年間にわたり、東北新幹線から秋田新幹線に乗り継ぎ、同校を訪問してきました。

同校の実践研究へ参加の過程で、自己内対話と他者との対話の往還の意義に関わる実践知を数多く見いだすことができました。同校の研究テーマは「仲間と共につくる豊かな学び――「対話」を通して思考力を深める授業づくり」でした。

(1) 自己との対話と他者との対話の往還の意義を明確にした研究の基本構想

研究の重点として、「課題」「協働の学び」「主体性」にトライアングルの関係を置いています。この「課題」「協働の学び」「主体性」に有効な関わりを持たすために「対話」の活用を実践研究しています。各教科の目標を高次に達成するため、伝え合い、まとめ合う様々な活動を工夫し、対話の「深層的」機能を追求していくこととしました。

すなわち、主体性と協働により、学習課題に向け探究していくとき、新しい気づき・発見、新しい見方・考え方が生起し、自己の認識が更新される。その過程で「思考の深まり」がなされてくる。自己との対話と他者との対話は、この主体性と協働による思考の深まりのための有効な手立てと位置付けたのです。次ページの図5は、同校の研究構想図です。

(2) 対話型授業の具体的手立ての検討

「自己内対話」と「他者との対話」との往還の効果を高めるために、次の手立てをとりました。

①「対話」を生む価値ある課題設定

・「対話」の必然性や必要感を子ども自身が感じられる課題

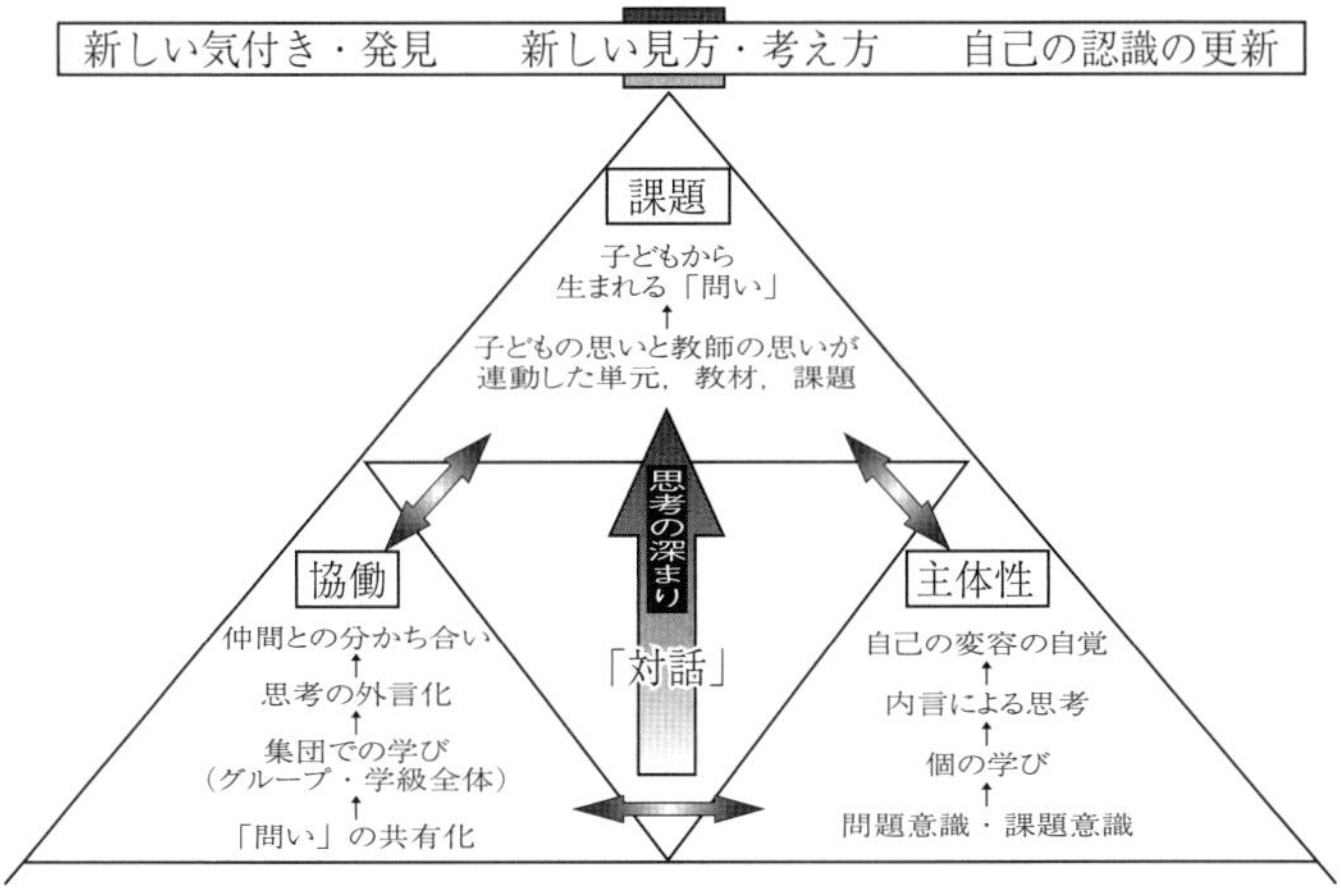

図５　秋田大学教育文化学部附属小学校の研究構想図

・多様な思いや考えが引き出され、知的葛藤が生じるような課題
・単元あるいはその一単位時間の授業のねらいの達成につながる課題
・その教科等の本質を踏まえた課題

②「他者との対話」と「自己との対話」の意図的な組み入れ

「対話」は、子ども一人一人の思いや考えが多様であればあるほど豊かなものになります。子どもの思考を画一化しようとせず、個々の持っている個性や資質・能力を生かし、それを授業で発揮できるようにすることが大切です。自分の持てる力を存分に発揮して学び、自己の成長と変容を自覚するとともに、次なる学びへと意欲が連続していくような主体性のある学びにしていくための手立てを講じていきます。その具体的な活動が「自己との対話」です。

「問い」を共有し、その探究に全員が参加すること、知恵を出し合い、皆で共有できる学びの成果を生み出そうとすること、その具現化が「他者との対話」です。このため、立場を明確にした対話、意図的に設定する仲間との対話など、多様な対話形態を活用します。

③対話の向上のための個々の子どもへの対応

・全員の対話力を高めるためには個の指導を強化する必要がある。
・活発に発言している子は、自分の思いや考えを話すことだけに夢中で、仲間の思いや考えを受け入れようとしない傾向がある。
・沈黙している子も、思考を深めていることを教師が認めるべきだ。
・よくしゃべる子には、グループ全体の対話を高める役割を持たせるとよい。

(3) 授業力向上のための手立て

①先輩の教師の実践（他教科）から学ぶ

同校の対話型授業研究の特色の一つは、先輩の教師の実践から学ぶ授業公開を実施したことにありました。この企画について、熊谷研究主任は、「対話を活用した授業をさらに効果的にするための、他教科の対話型授業の『実践知』の相互学習を展開した。ベテランの教師が研究授業を公開し、教師たちが互いに切磋琢磨し合っている。殊に、他教科の実践から学ぶことにより、自己の対話型授業の質的向上に役立てる意識を高揚させている。授業参観後は『授業力アップ情報交換カード』に参観者全員が『学んだ点・改善』を記し、授業者に提出することとなっている」と語っていました。

授業力の高さで定評のある、S教諭（音楽）、T教諭（理科）が研究授業を公開しました。「授業力アップ情報交換カード」の記述には、次の記述がありました。

S先生の音楽の授業では、子どもたちの集中力を切らさないように、その都度、視点を変えた質問を投げかけていました。お互いの演奏から学び合う姿、よく見て、よく聴いて考える姿から、音楽科ならではの『対話』の姿が見えたように感じました。一人でも堂々と歌う姿、自分たちの出番をまち、張り切って演奏する姿、他のグループの演奏にも積極的に手伝う指導方法に学び、国語の授業でも、生かしたいと思いました。仲間の演奏をとてもよく聴いていた（対話していた）。しかも、きちんと聴き分けて、音楽的な視点からそれぞれの工夫のよさを感じ取って言葉にしていた。そして、他の班の工夫を自分たちのアレンジに生かそうとする姿が感じられた。音楽ならではの『対話』がみられる授業であった。

これを記した若い先生の文章からは、自己との対話と他者との対話の往還が質の高い演奏をもたらしており、この手立ては、国語科においても有用なことに気づいたことが読み取れます。

②研修の充実

同校の実践研究の成果を高めている要因は、研修の充実にありました。熊谷研究主任は、学究的であり、自主的に理論研究会を開催し、デューイやヴィゴツキーの学習論やバフチンの対話論を研究し、そこで得た知見を基に、自己内対話と他者との対話の往還の必要など、対話型授業の開発の基本的な考え方について研究推進委員会に提案を行っていました。実践と理論の融合は、対話型授業の学習論を全国に先駆けて提示した同校の対話型授業研究の特色といえるでしょう。

同校では、三年目には、研究の重点を実践するため、下記の具体的な研究実践活動を実施しました。

第一は、「自分との対話」、「仲間との対話」をより効果的に位置付けた「一単位時間の学習過程」の構想です。具体的には、導入場面：「自分との対話」⇓展開場面：少人数の「仲間との対話」↓学級全体での「仲間との対話」⇓終末場面：思考を再構成する「自分との対話」の学習プロセスを設定しました。この学習プロセスにより、各教科の授業が展開されました。

第二は、子ども同士が協働することによってこそ挑んでいける、より「価値ある課題の追究」がなされる授業の展開です。熊谷研究主任は、同校の実践研究における「子ども同士が協働する意味」について、「自分一人では解決が困難だと感じた課題にぶつかったとき、はじめて子どもは、仲間と協働してその課題を解決しようとするはずである。試行錯誤の末、その課題を解決できたとき、子どもは仲間と共につくることのよさを実感するであろう。これこそが、本研究主題が目指す子どもの姿にほかならない」と語っています。

「子ども同士が協働する」とは、「学習者主体の対話型授業」、すなわち教師が発問し、児童が回答する対話、教師が企画し、児童が相互に対話する対話型授業から、児問⇔児答、すなわち、児童が主体的に対話を構成し、次々と対話を深め、知の世界を広げる、新たな価値を探究していく対話型授業の探究です。同校の実践研究は、対話型授業の基本を明確にし、やがて、「学習者主体の対話型授業」を展望する段階に至ったといえます。

この「学習者主体の対話型授業」の考え方と具体的手立てについては、第Ⅱ部の**6**（一一七頁）で後述します。

【発展】

「自己内対話と他者との対話の往還による思考や視野の広がり」に関わる実践研究は、その発展として、各教科・領域の授業の学習目的を高次に達成することにつながっていきます。

【実践事例】で例示した秋田大学教育文化学部附属小学校では、各教科等における対話（自己内対話と他者との対話）を活用し、思考力を高めるための考え方を、各教科等の担当者が次のように記述しています（秋田大学教育文化学部附属小学校各教科の教員の提出物より筆者が抜粋）。

国語：「対話」で着目する言葉、「対話」で用いられる言葉など、言葉そのものにこだわりを持つ姿勢を、他教科等にも増して重視している。文章中のどの言葉を根拠とし、どんな理由でその解釈に至ったのかを「対話」を通して吟味する中で生まれる気づきや発見が、「新たな言葉の力」として獲得されていくと考えている。

理科：事実を一人一人が論理的に解釈し、互いの見方・考え方を交流し合うことを繰り返すことで、自然事象の捉えが確かなものとなる。ノートづくりなどで、科学的な見方や考え方を図や言葉を用いて表現することを重視することが「対話」を促し、「科学する心」の育成につながるものと考えている。

社会：「見える事実」を通して「見えない事実や概念」をつかむことが社会科の特質である。事実を単なる知識としてではなく、思考を深めるための材料として捉え、「対話」の中で事実を比較したり関連付けたりすることが、新たな事実や概念の獲得につながるものと考えている。

家庭：日常の中で見過ごしがちな生活事象を見つめ直したり、実際に体験したりする中で、そのメカニズムや価値を見いだし、衣食住の営みの大切さに気づくことが大切である。自分や仲間、そして家族との「対話」を積み重ね、自分で意思決定し、自分らしい生活を創り出す学びを繰り返し、実践力を育んでいる。

図工：題材、材料・用具、環境や自然などと向き合う「自分との対話」と、多様な見方や感じ方、発想や構想などを交流し合う「仲間との対話」が絶えず行き交い循環していることが図画工作科の特質である。表現と鑑賞が一体化した造形遊びは「対話」が有効に機能することから、その題材開発に力を注いでいる。

音楽：楽曲を構造的な視点で捉えようとする学習過程を経て、楽曲への理解や着想を深めていくことが音楽科における思考力である。鑑賞活動と音楽づくり・演奏表現の融合を図った音楽づくりの過程で、演奏している瞬間こそが学びの最高潮であると捉え、奏でる音を介した「対話」の充実を図っている。

体育：体を動かして感じたり（「自分との対話」）、仲間とコミュニケーションを図ったり（「仲間との対話」）する中で、動きの質を高め新たな動きを獲得することが、運動する楽しさや喜びを味わうことにつながる。体を使って学ぶことに軸足を置き、運動欲求や上達意欲を引き出す「対話」の活かし方を工夫している。

筆者が三年間研究に参加した東京都目黒区立中央中学校での、各教科等における対話を活用し、思考力を高めるための考え方の記述も紹介します（目黒区立中央中学校の各教科の教員の提出物より筆者が抜粋）。

国語：「『話し合い活動を取り入れた授業』と『一斉で行う授業』とでは、どちらの方がよいか」実態調査を行った結果、前者を八割強の生徒が支持した。その理由として多かったものが、「自分の意見と友達の意見を比較することで新しい発見ができる点」や「少人数のため、自分の意見を臆することなく発言することができ、伝え合うことの楽しさや大切さを実感した点」などを挙げている。そこで、研究授業では「他の意見からさらに自分の意見を深め、自信を持って発表できる能力」や「意見を述べるだけではなく、話し合いを進められる能力」を伸ばすなど、〝今、国語科で求められ期待されている〟ことをねらいに設定した。

社会：社会科では、資料を読み取って解ったことをノートに書くという「記述」、社会事象の意味・意義を解釈する「解釈」、社会事象間の関係・関連を説明する「説明」、自分の意見をまとめる「論述」を社会科における「言語力＝コミュニケーション力」と考えた。そのため、各単元で「記述」「解釈」「説明」「論述」を中心にした授業の展開を増やした。本研究授業では「日本海海戦」をテーマに、「各自が調べたことをまとめて発表し合い」「他者の意見を取り入れ」「自分の考えを再構築し意見を発表する」ことを中心に、「言語力＝コミュニケーション力」が向上することをねらいとして設定した。

数学：数学では、班で協力して円滑に話し合いを行うため、自らの考えをまとめる時間を作り、その後、班で意見交流し、班の代表が発表を行い、様々な意見の交流を行った。いろいろな意見を聞くことで視野を広げ、自らの考えもより深められるような活動を行ってきた。その結果、意見交換も活発になってきた。また、他の生徒の意見を聞くことで、他の意見を受け入れたり、自らの考えを深めたり、視野も広まってきた。

美術：美術では、表現や鑑賞の活動を通して自分の見方や感じ方について想像を働かせることを主とし、さらに他者との意見の分かち合い活動を通して、自分と他者との価値観の違いに気づき、自分の本当の価値を創り出すことをねらいとしている。本研究授業は、美術史上の名画を一つ選び、クラス全員で模写するという共同制作に取り組む活動である。原画になる作品選出の段階から、生徒が主体的に取り組めるよう、中心となって取り組む生徒を募り、グループごとの発表を通して決定した。制作に当たっても、お互いのアドバイスを大切にしながら、表現を学ぶことができる課題として設定した。

各教科の教師が記した文章には、教科の特性を生かしつつ、対話の活用により、教科の目標を高次に達成するための方途が記されています。

筆者は同校の授業を三年間にわたって参観してきましたが、各教科・領域における対話活用の意味を明記することにより、自己内対話と他者との対話が有効に活用され、教科の目標が高次に達成される活発な授業が展開されるようになっていました。家庭科での家族のための工夫したおにぎりづくりと相互批評、総合的学習における一枚の絵からのイメージ・想像力の喚起による物語の作成など、ユニークな実践も工夫されていました。

〈閑話休題〉

教育実践の分析・考察方法

筆者の勤務校の研究室には、近郊の学校の先生方が、よく訪ねてきてくれます。ときには、秋田、栃木、茨城、島根、岡山、兵庫、北海道といった地方からも、先生方が来てくれます。こうした先生方との交流が、対話型授業の実践研究の原点になっています。

年間を通して実践研究に取り組んでいる学校では、毎回の研究授業の構想段階で授業者及び学年の先生方と知恵を出し合い、学習案が作成された段階で再度、共に検討し、授業参観し、事後の検討会でもいっしょに省察するのを常としてきました。語り合いの場は、研究室・校長室、拙宅の書斎、さらにはレストランや居酒屋のことも多々ありました。空港の待合室で出発のぎりぎりまで、学習方法について論議したこともありました。

よく授業研究会に参加すると、講師としての指導を依頼されます。確かに、筆者が提供できる情報はありますが、それと共に、実践現場で先生方から学ぶ点、気づかされる事項も多々あるのです。試みに数えてみると、書斎に保存してある学習案は五百編余となっていました。本書では、これまで出合ってきた対話型授業を想起し、あらためて学習案を分析し、考察し、「対話型授業の12の要件」の実施に効果的と思われる事例を析出し、紹介しています。

ここでは、教育実践の分析・考察における筆者の基本的な姿勢について記しておきます。筆者は、教育実践の分析・考察の具体的な方法については、小田博志、山住勝広両氏の見解を参考にしてきました。

エスノグラフィー（ethnography）の研究者小田博志氏は、方法概念としてのエスノグラフィーは以下のような七つの特徴を有していると述べています。

対話型授業の実践研究校の実践研究の調査・分析に当たっては、小田氏の示す七つの特徴を基調に置きました。

①②③については調査対象校の実践研究に研究協力者として参加し、七つの特徴に対応し、次の手法を用いました。（　）は筆者の具体的な手立てです。

①現地の内側から理解する（外来者ではなく、仲間として学校内部から観察する）
②現地で問いを発見する（教職員と共に、課題を発見する）
③素材を活かす（学校現場・児童生徒の実際を把握していく）
④ディテールにこだわる（皮相的事象のみでなく、授業に現れた部分的真実（partial truths）を重視する）
⑤文脈の中で理解する（年間の研究の推移から本授業の意義を把握する）
⑥Aを通してBを理解する（研究進展の契機や教員の職能成長、子どもたちの変容の要因について、多様な要素から複合的に分析・解釈する）
⑦橋渡しをする（研究進展に資する研究協力者の役割を自覚し、見解を明示する）

また、実践研究の実相をできるかぎり厳密に把握するため、研究者の視点からの単なる観察・分析ではなく、「実践の共創者」として、対話型授業の実践研究に参加してきました。こうした筆者の立場は、山住勝広氏の「活動理論」（activity theory）に示唆を受けています。

山住勝広氏は、探究を基盤に、学校の「教育実践」（pedagogic practice）の「拡張的学習」（expansive learning）への転換を提唱し、下記のように述べています。

活動理論は、通常の標準的な科学が『観察』や『分析』にとどまることを旨とするならば、むしろ変化を創り出すことへと研究者を参入させるものである。そこで『介入』と呼んでいるのは、人々の行為や実践に対し、理論をトップダウンに適用する、ということではない。拡張学習は、仕事や組織の実践の中で、人々が現状の矛盾に出合いながら、対象との継続的な対話を進め、活動の新たなツールやモデル、コンセプトやヴィジョンを協働で生み出すことによって、制度的な境界を超えた自らの生活世界や未来を実現していくことをいう。

山住氏はさらに、具体的手法としての「物語り的探究」の意義について次のように記しています。

物語り的探究は研究者が状況の外部という超越的な絶対的位置から出来事を俯瞰し客観的にそれを分析するという研究方法論に対抗する。『現場の行為者のまなざしから』というスローガン、あるいは『行為の直接的・局所的な意味』を根本的な関心とする物語り的質的研究は、実践者を常に受動的に『語られる対象』として位置付け、彼や彼女を情報提供者として位置付けてきた伝統的実証研究の代案を提供しているのである。

筆者は、山住氏の提唱する「物語り的探究」の手法を参考にし、調査対象とした実践研究校の教職員との語り合い（聴き取り調査）を多用し、また、実践者が記した記録（学習案、授業の反省文、学習者の記録文など）を重視してきました。全国各地の各学校の実践研究に参加してきましたが、様々な局面での事象の意味を問う観察・分析者であるとともに、そこにとどまらず、質の高い、研究実践創造への「介入者、協働者」の立場と位置付けてきました。

学校における実践研究には多様な要素が絡み合っており、通り一遍の観察では実相を見通せません。このために筆者自身も、継続的に参加し、教職員との信頼関係を構築してきました。外部から状況を俯瞰して客観的に分析することよりも、むしろ、実践者の思いや願いを共感的に把握することを重視してきました。

〈引用・参考文献〉

小田博志『エスノグラフィー入門―〈現場〉を質的研究する―』春秋社　二〇一〇年
山住勝広『活動理論と教育実践の創造　拡張的学習へ』関西大学出版会　二〇一〇年

5 沈黙の時間の確保や、混沌・混乱の活用による思考の深化

【解説】

沈黙の時間は、深い対話にいざなう「とき」となります。思いに浸り、思いをめぐらす時間、漂う不安感と精神的自由の享受、自己の内部にあるものを掘り起こし、心に生じることを明確にしていく時間、他者が伝えてくる多様なものを受け止め、組み合わせたり、また統合したりして、消化し、自分のものにし、自己見解を再組織する時間、身体感覚・五感を通して得たものを言語化する時間となります。

この沈黙を対話に活用することにより、深層性ある対話、深い思考力を育成する対話、一人一人が自己肯定感を持ち、自己成長を自覚できる対話を生起させることができます。ここでは、沈黙の意味や機能を考察し、対話において沈黙を有効に活用する方途を記します。

⑴　**沈黙とは**

スイスの思想家マックス・ピカード（Max Picard）は、「沈黙」について次のように述べてい

ます。

「沈黙は単に人間が語るのを止めることによって成り立つのではない。単なる『言語の断念』以上のものである」「沈黙はその人間の中心なのである。人間のうごきは、ひとりの人間から直接に他の人間に働きかけるのではなく、ひとりの人間の沈黙から他の人間の沈黙に働きかけるのである」「人間の眼差し、それが包括的なるところの内在的な原動力である」

（佐野利勝訳『沈黙の世界』みすず書房　一九九三）

ピカードは、生活における沈黙こそ、人間の思想・信条・行動の原点であるとし、その重要性を指摘しているのです。

それでは、沈黙とはどのような行為なのでしょうか。授業での活用を念頭に、沈黙の機能を分析していきましょう。

筆者は、「沈黙」は消極的・無為な行為ではなく、むしろ沈黙には情緒の安定、心身の活性化、知的・精神的な成長の促進、明確な意志の伝達などの積極的な意味があると考えています。そうした考えから、沈黙の機能を下記に収斂してみました。

⑵　沈黙の機能

①動から静への移行

「沈黙」は、「動」を「静」へと移行させます。筆者は学生時代に柔道部に所属していましたが、夏の厳しい練習後の爽快感は忘れられません。主将の号令で一列に正座し「黙想」する。汗が体中から吹き出る。やがて周囲は静寂が支配し、没我状態に入り、心と身体が落ち着いてきます。主将の「やめ」の声で我に返ります。黙想のもたらす「沈黙」が、激しい「動」の世界から「静」の世界へいざなったのです。

こうした動から静への移行は、学校教育においても活用されています。新渡戸稲造を創始者とする新渡戸文化学園では、気持ちを落ち着け、次の集会・授業にスムーズに移行できるために軽く目を閉じる「沈黙」を励行しています。同園によれば、「国際連盟事務次長当時の新渡戸稲造が、事務次長として各国人の意見を調整する任にあり、国際会議をどんな仕方で開くかを任されていました。宗教そして風俗習慣の違う人々の集う国際会議であるだけに、特に開会式をどのように行うかは神経を使うものでした。そこで発案したものが〝沈黙〟でした。こうして、国際連盟の開会式は沈黙で始まった」ことに由来しているとのことでした。

筆者も、授業前に短時間の黙想を学生にさせています。沈黙のもつ、この動から静への機能は、学習への取り組みの意識を高めるのに有用なのです。

②心身のリフレッシュ

「沈黙」は、心身のリフレッシュにも有用です。かつて中近東の灼熱の砂漠の国クウェートで、クウェーティ（クウェート人）、パレスチーナ（パレスチナ人）、エジプシャン（エジプト人）などアラブの若者たちに二年間にわたり、柔道の指導をしました。この折の大きな楽しみは、練習後の団欒でした。車座になり、様々なことを語り合いました。

「沈黙」のよさも教えられました。柔道の教え子のひとりパレスチナ人のイマッドによれば、イスラムの人々にとって「祈り」は生活の中にある。例えば「精神的に疲れたとき」「学んでいて思考が集中できないとき」に、心静かに「祈り」の時間を持つ習慣があり、わずかな「沈黙」の時間を持つことが心身をリフレッシュするのだと説明してくれました。

小学校教師時代、このイマッドの言葉を思い出し、授業中、子どもたちが疲れていると感じたとき、少しの「沈黙」の時間をとりました。わずか三十秒でも心身のリフレッシュに役立ちました。

③創造の基盤

「沈黙」は、創造の基盤でもあります。「宇宙の旋律・草木のうた」とその作品を称えられた作曲家武満徹は「一つの音が生まれる背景には、無数の音があり、またその無数の音の母体には偉大な沈黙がある」と音の創造における「沈黙の意味」の大きさを指摘しています。

友人の画家は、沈黙による深さが、作品づくりの純度を上げると語っていました。作品の世界に没頭していると、深海に潜っていくように集中でき、海面に浮かぶものが気にならなくなり、やがて、水底に見えてくるものがある。それが作品の創造につながるというのです。

子どもたちを観ていても、無言で考え込む子がやおら発言することがあります。沈黙が何かに気づき・発見させ、表出に向かわせたのです。こんな子どもたちの様子に、沈黙が創造の基盤であることを実感させられます。

④意志の伝達

一九世紀のイギリスの歴史家トマス・カーライルは、「沈黙は口論より雄弁である」と述べています。確かに「沈黙」は時に多弁を弄するよりも説得力ある意志の伝達をします。殊に日本の文化にはその傾向が感じられます。伝統的な様式を伝える日本家屋の床の間は、家人の無言の精神性が伝えられる空間です。伝えたい「ひとこと」を掲示した書、「いまこのとき」を表現した生け花、「香の匂い」、そこに来客をもてなす家人の思いがあります。優しかった亡き母は、大工の娘でした。母はよく、夏、客の到着を予測して丁寧に水まきをしていました。こうした日本人の伝統的な生活習慣にも、もてなしの心を伝える「無言の意志」が込められているのです。

欧米社会でも「沈黙」が意志の伝達に使われます。戦いに敗れた指導者が「諸君！」とひとことと言って、ハンカチで涙を拭き、無言で立ち尽くした、とのエピソードは、世界で最も短く、しかも印象的なスピーチとして知られています。

対話における「沈黙」は、ときとして美辞麗句を連ねた音吐朗々たる発言よりも明確で多様な意志、怒り、悲しみ、共感などを伝えます。「沈黙」――無駄にみえるこの時間は、創造と表出への滋味豊かな温床なのです。

【実践事例】

授業中、子どもたちを観ていると、自信がないのか、思い切って発言できない子、ただ時間が過ぎるのを待っている子を見つけ、痛ましくなります。そうした子どもたちに、臆せず表出する愉悦を味わわせたく、筆者が工夫してきた手立てを紹介します。

沈黙とは、うまく言語化できないものを見守り、新しい言葉が生まれてくるのを待つ時間、早発への強制を脱し、混沌・混迷を経て、納得できる自己見解の創発に向かう時間、悩み、戸惑い、不安になる、そうした心理的揺らぎを、むしろ楽しむ時間なのです。これらを念頭に下記の手立てを工夫してきました。

(1) 五感の覚醒

教室で、ときには屋外で、心静かに目を閉じ瞑想に耽らせます。事後に「耳に聞こえたこと、肌に感じたことや匂ってきたこと」などを問います。すると、目を開いていたときには自覚できなかった様々な音を聴き取り、風のひそやかな流れや草花の香などを感得していることが分かります。しかも、一人一人の聴き取りや感じ方は異なります。沈黙の時間が子どもたちの鋭敏な感性を錬磨させ、心の落ち着きをもたらしているのです。こうした五感で覚醒した自分ならではのことについて語ることが、自分独自の感覚を大切にする言語表現の原点を形成します。

(2) 学習過程に「沈黙の時間」を位置付ける

三枚の用紙を用意します。授業の始めに、一枚目に学習課題についての自分の考えを記します。授業の中間で、二枚目に「気づき、発見、疑問」などとして、学びの途中で習得した情報、納得したり実感したりしたこと、現時点での自分の意見や考えなどを記す時間（沈黙）をとります。三枚目の用紙には、授業の終末に、この授業を通しての最終的な自分の意見・自己再構成した見解を書く時間を用意します。

沈黙の時間の後に子どもたちに発言させると、こうした「内面化・自己再編成」を行う「沈黙の時間」が、子どもたちに次へのステップの活力を培っていることが分かります。

(3) スピーチにおける間（pause）

スピーチにおける間（pause）は、聞き手が語り手の話の内容を内面化し、また次の語りへの期待を高める時間ともなります。

筆者は子どもたちがしばしばスピーチをする機会を設定していますが、その際に次の場面での

「沈黙」の効果について説明しています。

・話者への集中……冒頭、聴衆の前に立ったらすぐに語り出さない。ほんのわずか沈黙することにより、話者への集中が起こってくる。

・話題の転換……ある話題が終わり、次の話題に転換していく際には、話題が転換したことを明確に伝える「間」が必要である。この短い沈黙が場面の転換を明確に聴き手に知らせ、次の話題への期待感を高めていく。

・重要な言葉の前……重要な言葉の前には、ほんの瞬時でもよいので無言の時間があると効果的である。その短い沈黙が、聴き手を引き付ける。そして、その後に語られた言葉をはっきり聴き取らせる。

・聴き手に考えてほしい事項の後……聴き手に考えてほしいことを述べる場面では、すぐ次の話題に移らず、少々の沈黙の時間が必要である。聴き手は、問いかけの内容を反芻したり、自分の感想や意見をまとめたりしていく。

・終末の場面……終末に余韻を残すことは、スピーチ全体への印象を高める。スピーチの最後のフレーズは、間を置いて述べる。スピーチが終了したら直ちに去るのでなく、ひと呼吸おいてから壇上から降りる工夫も効果的である。

(4) 対話における「沈黙」

対話では、話者と聴き手が相互に入れ替わります。このため、対話においては沈黙の時間は少ないともみえます。対話の目的は、相手に自分の意志や感想などを伝えたり、また相手を説得したり、共感・納得を得るために見解を述べていくことにあります。説得力ある対話で大切なことは、瞬時に論議の方向を見定め、的確な見解を表出できる即興性、様々な情報・意見を集約して自己の見解を生み出す自己再構成、相手の意見・見解の矛盾を指摘したり問題点を明確にしたりする批判性、文化の違い・立場の違いなどを認める寛容性、その人なりの独自の見方や考え方のある創造性、また何よりも歩み寄りを目指した合意形成力であると考えます。

こうした対話にまじり込む「沈黙」は、無言であっても時として雄弁な意志の表明になり、苦しみ、喜びなどの深い思いを伝え、相手を圧倒し、引き付け、共感を呼びます。対話における沈黙の大きな意味を、子どもたちに感得させたいものです。

音声言語活動においては、多弁・強弁など、しゃべっていることが聴き手への有効な伝達と考えがちです。しかし、むしろ沈黙の時間にこそ、子どもたちは思考し、五感を覚醒し、内面が充実していると考えるべきです。授業中に子どもたちが黙り込むことがあります。その沈黙した時間、子どもたちは知識や情報を咀嚼し、自分の考えをまとめたり、感性をフルに回転させたり、想像の翼を広げたり、表出・表現への準備をしているのです。沈黙は自己との対話の時間であり、思考を深め、感性を覚醒し、創造力を喚起する源泉だったのです。

こうした「沈黙」も意識化しない限り、有用なものになりません。様々な音声言語による表現において、どのような場面で、どのような目的により、どの程度の時間「沈黙」を用いるのかを工夫する、そこに教師の専門性が生かされます。

「沈黙」の偉大な意味に思いを馳せるとき、外面的な表出を求めた学習のみでなく、内面から子どもの成長を促す「沈黙」を取り入れた学習を意図的に数多く展開していくべきであると考えます。

【発展】

沈黙はなぜ対話に有用なのでしょうか、その根拠を沈黙に関わる言説から探っていきましょう。

まず「推論」を取り上げてみます。「推論」とは、すでに分かっている事実（前提）から、新しい判断（結論）を導き出すことであり、物事を考えるときにきわめて重要な働きをしています。

科学哲学者内井惣七氏は「科学的推論」の分類において推論を「帰納的推論」（枚挙による推論、関係の推論、類比による推論、説明的推論）、「演繹的推論」、「確率的推論」に分類しています（「科学的推論の分類」『人文学報』四七号　京都大学人文学研究所　一九七九）。

「学びにおける推論」の重要性を主張する金澤康氏は、内井氏の分類に基づき、日常的に行われる推論の在り方として、知覚における推論、文章や話における推論、記憶における推論、問題解決における推論の四つを挙げています。そして、「人は常に推論しながら物を認知し、話を理解し、或いは文章を読んでいる。様々なことを記憶したり、それを想い出したりする際にも、推論を働かしている。最も思考を要すると考えられる問題解決や事物の創造の際にも、推論が大きな役割を果たしている」（「LD児の教育に関する研究」『日本私学研究所研究紀要』三四号　一九九九）と述べています。

内井氏や金澤氏が説くように、「すでにわかっている事実から、新たな判断（結論）を導きだす」ためには理性や感性を総動員して、比較する、組み合わせる、洞察する、判断するなど、様々に思考をめぐらさなければなりません。ここに「沈黙」の時間の必要性を見いだすことができます。「沈黙」の時間が欠如していては、思考を深めることができません。

最近の脳科学の研究で注目されてきたのは、デフォルト・モード・ネットワーク（default mode network）です。何もせず、ぼんやりしている時間にこそ、活動している回路があることが発見されたのです。その無為に見える時間に、心の整理ができたり、新たな発想に気づいたり、ストレスを解消したりするというのです。このことは、沈黙・浮遊型思索の意義を明らかにしていると受け止められます。

私たちは、散策したり、登山したりするときに、ふと自分の生き方を再考したり、アイディアが閃いたりすることがあります。また、いつの間にかストレスがなくなったことも体験します。デフォルト・モード・ネットワークは、それが脳の回路によることを科学的に証明したといえるでしょう。

こうした「沈黙」に関わる言説・研究の考察は、「沈黙」が高遠な意味を包括しており、その活用が深層性ある対話の源泉になることを明らかにしてくれます。

6 対話への主体的参加を促すための手立ての工夫

全員が主体的に参加することが、対話の基本です。ここでは、主体性とは何か、その概念を考察し、子どもたち一人一人が主体的に対話に参加するための手立てについて紹介していきます。

【解説】

まず、主体性とは何か、実践を念頭に置きながら、その概念を考察してみます。

(1) 学びの楽しさ

子どもたちが主体的に学び始める、その原点は「楽しさ」にあるようです。筆者は「外国語教育強化地域拠点事業」の運営指導協議会の委員長として、四年間にわたり、千葉県流山市の同事業に参加してきました。小学校三校、中学校二校、高校一校が中心となって、実践研究が進められました。最後の運営委員会で各校の校長先生方が共通して語ったのは、子どもたちの変容でした。「臆せず自分から進んで英語を使うようになった」「覚えて話すスピーチから聴き手に語りかけるスピーチになった」などの報告がありました。思わず、「それはどんな工夫があったからですか」と質問しました。すると、日常的に英語を気楽に使う工夫、子どもたちがワクワクする教材の選択、振り返りカードを使ってうまく表現できない子への個別指導をし、自信を持たせる等々の具体例を示してくれました。

これらに共通しているのは、「楽しさ」「ワクワク感」であると感じました。小・中・高全部の授業をいくたびか参観しましたが、確かに、子どもたちが積極的に授業に取り組んでいました。主体的学びの原点は、学びの楽しさにあるのです。

(2) 個人的主体性と社会的主体性

それでは、主体性とはどのような精神的働きなのか、検討してみましょう。主体性は、個人的主体性と社会的主体性に大別できるでしょう。

個人的主体性とは、よりよく生きるために、自分の願いに基づき、自分の意志で判断・選択し、行動する姿勢や態度です。自己の生き方を自ら選択し、判断できる自立的選択権であり、「自分のことは自分で決める」という人間の生存権にも関わる基本的な権利ともいえるでしょう。社会的主体性とは、社会に生きる他者との関係を基調に置き、希望ある未来社会の形成のために、所属社会の一員としての自覚を持ちながら、能動的に様々な活動に参加する姿勢や態度です。個人的主体性は、社会的主体性（他者の存在）との関わりにより、自己の意識や目的がいっそう明確になり、人間的成長をもたらします。他方、社会的主体性は、個々人の主体性を調整・調和・統合することによって、新たな知を創造し、希望ある未来を構築できる原動力となり得るのです。

対話における主体性を重視するとは、個々人の意見や感想が能動的に表出されることです。また、そうした個々人の意見や感想がときにはぶつかり合い、また調和しつつ、新たな知的世界を築いていくことです。留意すべきは、強者の主体性の強要がときとして「他者の隷属性」を派生させることへの配慮です。小集団での対話で散見できる、一人の子の強い主張のみが支配する対話では、他の子の主体的参加はなされません。教師のなすことは、すべての子が主体的に参加する対話を工夫することです。

(3) 自立と主体性

自立とは、なすべきことが明確な状況下で、そのことに向かって率先して行動することです。教師が課題を設定し、その課題の探究を子どもが中心になって行っていく学習にあたります。これに対し、主体性とは、状況を把握し、なすべきこと自体をも自身で考察し、判断し、行動することです。ですから主体的、対話的、深い学びとは、子どもたち自身が課題を発見し、問いを持ち、対話を活用した協同の学びなのです。

筆者は、教師による多様な視点からの論議ができる、次々と探究できる課題の設定などの、教師の関与による自立学習は必要と考えています。その体験の継続を通して、やがて子どもたち自身が課題を発見し、問いを持ち、子ども同士が対話しつつ、課題や問題を探究していく協同学習ができるようになると実体験から考えています。また、自立から主体に至るキーワードは当事者意識と位置付けます。自分・自分たちに課題・問題として捉えられ、その解決へ切実感があったとき、主体性が発揮されると考えるからです。

【実践事例】

対話に主体的に参加する態度や姿勢を育むには、次の事項が効果的です。

(1) 内面を豊かにする

ぜひ語りたい、発表したくてたまらないことを持たせることです。自分しか知らないこと、体験して知ったこと、感動したこと、発見したことなどです。この際、大切なことを、それぞれの子どもの内面にあることが、他者に伝える価値があることだと気づかせ、勇気づけることです。臆して語れない子には、筆者はよく、事前に話し合い、「その体験はきっとみんなも驚くよ」「よい発見をしたね、思い切って話してごらん」と励ましました。机間巡視のとき、勇気づける合図を送ったりもしました。

(2) 質問を考えさせる

問題や課題に主体的に取り組ませるには、ぜひ解決したい、探究したいとの問いを持たせることが肝要です。このための具体的な手立てが、質問づくりです。問題や課題について、すぐ取り組ませるのではなく、質問をいくつか考えさせる、またどの質問が探究を深めていくのに効果的かを検討させるのもよい方法です。

(3) 成功体験の蓄積

語ったらみんなに驚かれた、話し合いに役立ったとの成功体験の蓄積が、また次に語ろう、表現しようとする姿勢を育んでいきます。いつも寡黙な子が発言したとき、新たな視点からの指摘をした子がいたとき、みんなが黙っているとき勇気を出して意見を出したとき、そんなときは少少大げさでも学級全体に知らせ、賞賛することが、成功体験となり、対話への参加意欲を高めていきます。また、一人一人が、できるまで繰り返すことも大切なのです。

(4) 少し高いハードルに挑戦させる

簡単には解けない、よく考えなければならない、様々な工夫をしていかないと明らかにならない——そうした、子どもたちにとって少し高いハードルの課題や問題が、主体的な解決への意欲を高めていきます。また、子どもたちが一応解明したと思い込んでいるときに、揺さぶりをかけ、さらに探究させるのもよい方法です。

(5) 切実感を持たせる

自分たちにとって切実な問題・課題、例えば、自分たちの学校をよくするにはどうしたらよいか、学校のゴミ問題を解決するにはどうしたらよいか、鉢植えの自分のアサガオを見事に咲かせるにはどうしたらよいか、といった切実な課題には、子どもたちは意欲的に取り組んでいきます。

(6) 本物に出合わせる

子どもたちは、本物に出合うと興味・関心を持ちます。ミュージカルやオーケストラの演技を鑑賞する、国際的な場で活躍している人々の体験談、職人さんの見事な技、市役所の各担当部署の活動、農業や漁業の実際の仕事等々に出合わせると、憧れたり、興味・関心を喚起させられたりします。

(7) 既習事項を活用させる

既習事項を活用する方法を習得させることは、主体的な学びの有効な方法です。ノートや教科書の記載を、学習の折節に読み返したり、見返したり、掲示物を参考にしたりするのは、その具体的な方法です（本物との出合いや既習事項の活用の詳細は、第Ⅱ部の**11**（一九二頁）を参照ください）。

(8) 学びに火をつける

子どもたちに主体的な学習への本格的な参加を促すため、「学びに火をつける」と名付けた導入時の段階を重視し、具体的な手立てを示したのが、東京都江東区立八名川小学校の実践研究です。

筆者は、この学校の実践研究に八年間も継続して参加してきました。すべてのクラスの授業を参観しましたが、子どもたちの伸び伸びとした協同活動や活発な対話の秘訣は、「学びに火をつける」ことの重視にあると気づかされました。その手立ては、次の三段階でした。

ステップ１：「出合う」

この段階での指導のポイントは、導入で行う体験活動や資料提示により子どもの強い興味・関心を喚起させることである。

ステップ２：「気づく」

ステップ１で書いた感想、疑問を友達と交流させ、他者との対話を行っていく。そうすることで、これまで提示された事実から様々なことに気づき、多様な視点で見直していくことができる。その後、教師が新たな視点や資料を提示したり、子どもの調べ活動で矛盾する事実に出合わせたりすることで、意識のズレを生み出し、自己内対話を促進し、疑問を高めていく。

ステップ3：「問題意識を持つ」

ステップ2の意識のズレから生み出された疑問を出し合い、クラス全体で分類・整理してまとめることで、学習問題を作っていく。他者との対話を行うことで、一人では気づかなかった価値ある問題に気づかせていく。また、ぜひ解決したいとの問題意識も高めていく。

この学校の実践研究を指導してきたのは、手島利夫校長先生でした。同校の実践研究の詳細については、手島利夫著『学校発ＥＳＤの学び』（教育出版　二〇一七）を参照ください。

⑼　世界一になった宮古島の高校生の当事者意識・主体性ある協働学習

沖縄県宮古島の宮古農林高校は、いわゆる受験学力が高い子どもたちが入学する学校ではありません。この高校の生徒たちが「水の研究」に関わる全国大会で、「日本水大賞」を受賞し、さらにストックホルムでのWorld Water Weekで、日本の高校として初の最優秀賞を獲得したのをご存じでしょうか。

研究の概要は次の通りです。宮古島は川の無い島です。人々は伝統的に地下水に依存して生活しています。この地下水が化学肥料などによって汚染されていることが大問題になりました。

宮古農林高校の生徒たちは当時のクラブ顧問の前里和洋先生の指導のもと、島中を粘り強く調査し、様々な土や岩石、生物などを分析し、やがて、粘着性が強い、植物栄養素の宝庫「廃糖蜜」を発見します。その「廃糖蜜」を使うと化学肥料が必要ないと分かりました。そこで、周囲の理解の遅さなどの困難を克服し、島の農業や畜産業に広めていったのです。

指導に当たった前里先生は、「彼らが島の一員として当事者意識・問題意識を持ち、自分たちの島を自分たちでよくしようとの気持ちを持ったことにより、毎日、資料を集め、それを広げ、乾燥させ、分析する苦しい活動も継続できた」と語っています。

ストックホルムでのプレゼンは、審査員が広い会場に散在する世界各国の代表のブースを歩き回る方式で三日間にわたり行われました。第一日は臆してほとんど語れなかった宮古農林高校の三名の代表たちは、その日の夜に反省会を持ち、「このままではだめだ」と語り合いました。翌日からは、勇気を奮い立たせ、励まし合い、精一杯の英語でのアピールをしたそうです。結果は日本の高校初のグランプリだったのです。

代表だった三名のその後を知りたくて、筆者は島を訪ねました。男子生徒は花屋さんと教師に、女子生徒はお母さんになっていました。宮古農林高校は、現在、宮古総合実業高校（海洋学科、生物生産学科、食と環境学科、生物福祉学科、商業科）となっています。二〇一八年春、久しぶりに同校を訪ねました、先生方と語り合い、高校生たちの様子を聴いて、日本最南端の蕎麦づくり、魚の廃棄部分の肥料化など、地域と連携して島を守る活動が脈々と続いていることに、心を打たれました。

⑽ 松江市立古江小学校の実践研究「子どもが主体的に学ぶのはどういうときか」

対話研究実践を三年間継続してきている松江市立古江小学校では、全校の先生方が論議し、「子どもが主体的に学ぶのはどういうときか」について、次のようにまとめました。

〈学習課題・学習意欲〉
・好奇心をくすぐられる、解決したいと思う課題に出合ったとき
・他人事でなく、自分のこと、身近な生活と結び付けて考えられるとき
・ちょっと危ないこと・やってはいけないことをするとき（例：熱いはずの試験管を触ってみる）

〈見通しが持てる〉
・ゴールが見え、それに向かいたいと思うとき、解決の糸口が少し見えたとき
・解決までの道のり・手段が一通りでなく、いくつか工夫できるとき

〈協同学習〉
・自分たちで、ああでもない、こうでもない、と何とか解決しようとしているとき

・集団で考え解決したときの喜びを体感したとき
〔学習環境〕
・対話をし、学び合える、相談しやすい仲間がいるとき
・学びの方法やスキルが身に付いているとき

【発展】

松江市立古江小学校の主体性を育む対話型授業の実践例を紹介します。記録者は富山県氷見市の小学校教諭宮林次美先生です。宮林先生は市の教員研修制度を利用し、多田研究室に三か月間、研修にきていました。その間に、古江小学校を訪問し、神庭真美先生の授業を参観しました。次の文章は、宮林先生の記録からの抜粋です。

(1)　授業を参観して気づいたこと、感じたこと
　授業名　六年　算数科「複雑な形の面積の求め方を考えよう」（神庭真美教諭）
○子どもの発言の仕方（基礎的なスキルの習得）が定着している
「○○まではよいですよね?」「はい」「では、その次からを話します」「ここを見てください（図

を示す)。ここはどんな式で求められますか?」「100引く78.5です」など、子ども主体で話し合いがどんどん進んでいく。

○気づきや対話を促す教師の工夫がされている

話し合いの内容についていけない子どものそばで腰を下ろし、一緒に聴いている(子どもと目線の高さを同じにしている)。そして、話し合いが混沌としてきたときに絶妙のタイミングで声をかけていた。教師が出る場はできるだけ少なく、子どもに考える時間を保障しようという姿勢が感じられた。

○学び合いを引き出す雰囲気づくり(規律と愛のある学級経営、人間関係づくり)

分からないことを分からないと言える雰囲気、友達が振り返りを紹介したときにわき起こる拍手、意味のあるつぶやきの多さなど、学び合う雰囲気のある学級集団がすばらしかった。神庭先生は、学級づくりでは「ルール」と「仲間づくり」のバランスが大事と語る。

○共創への高い意識による「相談タイム」(主体的に学ぶ子どもの姿の具現化)

「学習問題→学習課題→個人思考→相談タイム→全体での話し合い→まとめ→省察・振り返り」の流れが確立されている。「相談タイム」が非常に生きている授業であった。「個人思考」で分からなかったところを、友達と共に考えることで解決できていた。「全体での話し合い」では、解決できていない子を取り上げ、解決できるようにみんなで一緒に考えていくというスタイルだった。

神庭先生は、クラスが一つの自治集団になることが大事であると語る。「一人で判断し、一人で行動できるようにし、自分たちでよりよいクラスづくりをしていくように支援する」と語る。

(2)「相談タイム」にみる主体的な学び

対話を通したクラスづくりが生きている。神庭先生の授業の「相談タイム」に主体的に学ぶ子どもの姿の具体を見取ることができた。

ではここで、今一度「相談タイム」について詳しく見ていくことにする。

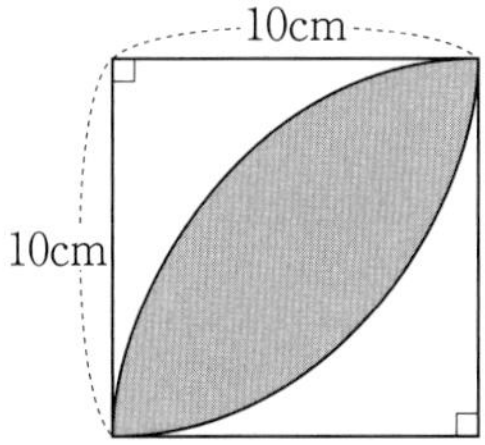

図６　相談タイムの様子

上のような複雑な形の面積の求め方を考える授業である。

授業は次のような流れで進んでいった。

①学習問題について知る。「上のような図形の面積を求めよう」
②学習課題について確認する。「複雑な形の面積の求め方」
③求め方の見通しを持つ。
④各自、ノートに考えを書く。
⑤相談タイムを設け、互いの考えを伝え合う。
⑥全体で話し合う。
⑦学習課題についてまとめる。
⑧本時の学びを振り返ってノートに記述する。

活動③では、神庭先生は「この図形を見ていたら、見えてくる図形はない？」と発問した。

「では、考えてみよう。個人思考五分間、どうぞ!」と先生が言うと、どの子も集中して考え出した。そんな子どもたちの様子を見てみると、答えが出た子ども、途中まで分かるけれど最後までたどり着けない子ども、手が出せない子どもなど、様々である。そこで、先生は「そろそろ相談タイムにする?」と声をかけた。すると、子どもたちは待っていたかのように「うん、する!」と返答し、うれしそうに席を立ち、友達のところへ移動しだしたのである。

どの友達のところへ行くかは自由である。仲良しの友達のところへ行く子ども、解答できた子どものところへ行く子ども、二人で考える子ども、四人で考える子どもなど、一緒に考える相手も人数も様々である。相手は固定されず、二人で考えていたところに別の誰かが来て「分かる?」と声をかけ、ヒントをあげるといった具合である。

相談タイム終了後、「どうですか? すっきりしましたか?」と先生は問い、「すっきりしてる人?もやもやしてる人?」と尋ね、子どもたちに挙手させた。そして、「もやもやしてる人」を全体での話し合いの第一発言者とした。その後、第一発言者のもやもや感を晴らそうと、子どもたちが次々に意見を言い、自分たちで話し合いを進めていったのである。

(3) 「相談タイム」の秘密

それでは、これまでの対話に関する研究を拠り所に、充実した相談タイムの秘密について考察してみる。

○主役は子ども

神庭先生の授業は、圧倒的に子どもが主役の授業である。子どもが話している時間が長く、前に出て発言している機会が多い。先生は今日やることの指示、考えが滞ったときの問い直し、賞賛など、話す時間を最小限に抑えようとしていた。「自分たちで答えまでたどり着いた」と感じられる。これが主体的に学ぶ力を高めていく大切な要因の一つになっているのだと考えた。

○思考する手がかりを持つ子ども

子どもが考えるための手がかり＝思考スキルを使えるようになっていた。どのように考えるのか、考えが分からなくなったとき、どうするのかが身に付いていた。それは、「いま分かっているのはここまでだ。だから次は……」と考えたり、図と式とをつなげて求めたりする姿から見取れた。

○学び合いのよさを知る学級集団

子どもたちは、学び合うことで自分自身や学級全体が高まっていくことを体得している。「分からない」ことを堂々と発言できるすばらしい風土がある。「分からない」で終わらせず、全員で「分かるようになろう」「できるようになろう」と課題に向かい、それをクリアする体験が毎時間の授業でコツコツと積み上げられている。

○担任の醸し出す雰囲気・人柄

神庭先生は、学級づくりでは「ルール」と「仲間づくり」の調和が大事と語る。本時も算数の苦手な子の横でしゃがみ、一緒に考える先生の姿があった。子どもは担任のことを本当によく見ており、敏感に様子を察知するものである。先生のもつ温かい雰囲気が学級全体に広がっていた。

○子どもの話し合いの展開を見守る「待つ力」

目をみはったのが神庭先生の「待つ時間の長さ」である。なかなか話し合いが進まず、決定的な結論が出ない時間帯があった。このとき、神庭先生は「ペアで話してみよう」「今までを振り返ってもう一度考えてみよう」と言い、自分が話し出して解答へ引っ張っていくようなことはなく、あくまで子どもたちが自ら課題解決に近づけるような声かけをしていた。

○前校長である山口先生の指導

山口先生は、次のように語る。

校長自ら対話を取り入れた学校運営を行ってきた。教職員の対話力が高まれば、学校全体に対話的環境ができ、子どもたちの対話力向上にもつながる。研究授業があるときは、前時やその後の授業も観るようにしている。そして、気づいたことを紙に書いたり話したりして本人にすぐに伝えるようにしている。神庭先生も、うまくいかないことで悩んでいたが、教師集団で意見交換したり、全国各地に出かけたりし、様々な研究会に参加して指導方法についてたくさん学んだ。

山口先生の的確なところは、一般論ではなく、その先生と指導や学級の子どもたちに相応した助言をされることである。これまで参加した研究授業後の協議会を思い起こすと、一般論で話していたことが多かったように感じる。授業者の立場になったとき、助言してほしいのは「目の前にいる学級の子どもたちを伸ばすためにどうすればよいか」ということである。

山口校長先生や古江小学校の先生方は、多田先生が毎年二～三回同校を訪問し、全員の授業を参観し、一人一人に詳細に助言し、全体会では対話型授業について実例を示しながら講話してくれたことが、授業の向上に大きく役立ったと語っていた。神庭先生も、多田先生から最初の授業で厳しく批評されたこと、具体的方法について示唆を受けたことが対話型授業への認識を深める契機になったと語っていた。

対話を通して子どもが主体的に学ぶ姿は、すぐに身に付くものではない。教師自ら学ぶ姿勢を持つことが第一歩ではないかと感じた。全校を挙げて対話に取り組む、その姿勢が子どもたちの対話力向上にもつながるのだと思った。

以上、相談タイムについて考察して思うことは、対話の魅力である。自由闊達に互いが言い合う中から、学びを広げたり深めたり、新たな知恵を創造したりすることができる。これこそが、対話の醍醐味である。


最近の医学研究は、主体性に関わる情動行動における間脳背側の神経核、手綱核の役割を明らかにしています。手綱核は、恐怖やストレスに対する行動の選択に重要な役割を果たすだけでなく、意欲や気分の調整に重要なセロトニンやドーパミンの分泌に関わっています。手綱核の役割に関わる研究の進展は、前向きにやる気を起こした体験の継続が、やがて前向きに意欲的に取り組む情動行動を定着させていくことを明らかにしています。

このことは、主体的な学びの継続が、やがて学びの世界に知的好奇心をもって前向きに取り組む姿勢そのものを育むことにつながると受け止められます。

7 グローバル時代の対話としての批判的思考力（critical thinking）の活用

ここでは、グローバル時代の対話型授業において、深層性ある対話を生起させ、深い思考力を育むのに重要な「批判的思考」の捉え方や、対話における具体的な活用方法について記していきます。

【解説】

カナダの高校に勤務していたとき、授業中に、自分の意見を述べ、仲間の発言に対して活発に質問する生徒たちの能動的な姿勢や、英語・フランス語・スペイン語・中国語などの教師たちとのスタッフミーティングでの率直かつ闊達な意見交換を体験しました。また、ユネスコの世界会議や学会の学術交流など、二一世紀の教育の方向についての国際会議の論議の場に参加し、「批判的思考」が対話を深めることを実感してきました。

全国各地の実践研究を参観してきましたが、批判的思考が希薄なことを残念に思ってきました。もっと、日本の子どもたちに批判的思考を活用した真摯な論議により、次々と思考が深まっていく対話の快感を体験させたいと願っていました。

批判的思考を子どもたちに習得させることを念頭に、まず、批判的思考とは、どうような行為なのかを考察してみましょう。

(1) 批判的思考とは

筆者にとっての人生の楽しみの一つは、知人、友人、ときには未知の人との対話です。初春の一日、拙宅に、社会言語学を専門とする岡本能里子さん、日本語教育学の嶋田和子さんなど言語教育を専門とする友人たちが集まりました。

言葉と言語、話すと語るとの違いなどについての論議の中で、批判的思考が話題になりました。批判的思考の意義や機能について、対話の深まりの視点からの意見が次々と出されました。すると参加者の一人で哲学を専門とする門倉正美さんが、「批判的思考には言語以外の意義がある」とそれまでの論議を批判的に述べ、イマヌエル・カントの三批判を引用しつつ、批判的思考には「社会改革」の意味があることについて、説明してくれました。事例を紹介しつつの精緻な説明に深く共感しました。

批判とは、相手を傷つけ、不快感をもたらす誹謗・中傷とは異なります。相手の伝えたいことを明確に捉えるため、また、相手の見解を真剣に受け止めるための行為です。行き届いた批判というのは、相手に対しての深い関心と知識と理解を持っていることを示す「好意ある表現」でもあるのです。

批判を基調に置く批判的思考とは、自己を振り返り、あらためて自分の考えや感想などを再組織化する反省的・省察的態度、本質を的確に捉え、納得していこうとするための合理的・論理的技能、皮相的な見方・考え方を脱し、納得・理解・共感を目指し、真理を探究していこうとする批判的・懐疑的な思考を包含していると考えています。

こうした批判的思考を対話に持ち込むことは、真摯な聴き合いをなし、相互に安易な納得・妥協に堕さず、また、混乱や対立を乗り越え、対話に深まりと広がりをもたらします。

(2) 高校生の国際交流にみる批判的思考の有用性

批判的思考の典型的事例として、G8沖縄サミット（二〇〇〇）での高校生サミット、すなわち、世界八か国の三十名の高校生が、「世界が直面する問題についての解決策」について論議したときの記録を見てみましょう。ことに、対話における批判的思考の効果を見事に示している二つの場面を紙上再現してみます。なお、再現化にあたり、口語を文章化するため、少々の整理・要約をしています。

〈場面1〈テーマ「世界の環境問題を解決しよう」〉〉

論議は、日本代表の生徒の提案から始まりました。

日本代表：世界の電気を一定時間止めることを提案します。このことにより、人々は電気の大切さを認識します。

ドイツ代表：このアイディアは実行不可能です。世界は現在あまりに電気に頼った生活をしています。そうした世界で電気を止めることはできません。

イギリス代表：いや、人々の意識を変えれば実現可能ではないでしょうか。教育を通じて、理解を深めれば、協力する人々が出てくるのではないでしょうか。

アメリカ代表：私も実現できると思います。教育プログラムを作り、学校で教育すればよいのです。

助言者：確かに世界の電気を一斉に止めるのは難しい。しかしシミュレーションをしてみるなどの工夫を考えてはどうでしょうか。

ドイツ代表：このアイディアだけで、世界の環境問題を解決することはできないでしょう。しかし、やってみることもよいのかもしれません。

イタリア代表：具体的には、電気を使わない、国際祝日を提案してはどうでしょうか。

〈場面2〈テーマ「開発途上国への援助について」〉〉

途上国への支援についての分科会でも、日本代表の男子生徒の提案から論議がスタートしました。

日本代表：開発途上国にＩＴを広げてはどうでしょうか。ＩＴはパソコンと回路さえあれば費用もあまりかかりません。開発途上国にＩＴを広げることを提案します。

（※この提案に各国の高校生たちから批判的意見が相次ぎます）

ロシア代表：学校がなく、読み書きもできない人々が多数います、地球上の半分以上の人が飢えています。こうした問題こそ優先すべきではないですか。

イギリス代表：店も無いところにインターネットを導入しても役に立ちません。途上国の資源を活用した産業化こそ進めるべきです。

フランス代表：ものには優先順位があります。まず食糧や医療問題の解決を優先すべきです。

（※しばらく無言で考えていたドイツの高校生が、やおら次の発言をしました）

ドイツ代表：ＩＴと食糧問題は実は関連があります。基本的な教育を受けた人なら、ＩＴを使いこなし、食糧問題も解決していきます。

場面１（テーマ「世界の環境問題を解決しよう」）では、日本代表の提案に対して、きっぱりと批判したドイツの高校生、そのドイツの高校生の反対論に各国の高校生が反論していく様子が見られました。さらに、当初、提案を批判していたドイツの高校生は、しばらく考えてから自己の見解を変化させ、それをみんなに伝えています。

場面２（テーマ「開発途上国への援助について」）では、ＩＴこそ開発途上国への援助に必要だとする日本代表の提案に対し、各国の高校生から次々と、しかも多様な視点からの反論が出されます。ITの普及の提案と他の施策が必要との見解が対立したのです。このとき、このチームのドイツ代表の高校生が、二つの対立した意見を統合し、よりよい解決策を示した発言をしました。

批判的思考が、自己変革や新たな解を生み出す深い対話を生起させていたのです。こうした対話機会を、日本の青少年にも数多く体験させたいと願います。

(3) 創造の源としての批判的思考

守内映子先生は、筆者の大学院の教え子です。二年間、中国の大学に勤務し、帰国後、日本映画大学で、留学生たちに日本語を指導する授業を担当しています。守内さんから、同大学の必修科目「人間総合研究」について知らせてきました。

この授業は、十数名のグループに分かれ、魅力的な「人」を探して、その人について掘り下げていくドキュメンタリーを、動画を使わず、写真や音声素材をまとめて三〇分の作品として構成し、合評会で発表するというものです。各グループには担当教員が付き、指導やアドバイスを行いますが、企画の立案から取材（撮影・録音）と発表まで、すべて学生たちが協力して行うことになっています。

二〇一八年度前期の合評会に提出された作品のテーマは、次のようなものでした。

『レシピエント』（臓器移植の経験者と移植医療の現状）、『刻舟』（落語の修行をしている若者と中国の伝統的な話芸「相声」）、『救いの痛み』（自傷行為を乗り越えた芸術大学院生とその絵画）、『木版画と共に生きる』（来日して木版画家になったイギリス人作家）他

注目されるのは、論議の様子です。作品づくりについて様々な意見が出て、かなり辛辣な意見交換がなされます。しかし、最終的に良い作品をつくるという共通意識があると、批判は、作品づくりに広がりと深さをもたらす働きをします。批判的思考は、創造の源ともなっているのです。

【実践事例】

批判的思考の育成は、全国各地でもほとんどされていません。しかし、その重要性を認識し、様々な試行錯誤をしている事例があります。その具体例を紹介します。

(1) 批判的思考力育成のための手立て

仙台市教育センターで、「グローバル時代の対話型授業」をテーマに講演しました。参加者は、小中の先生方四十名でした。この先生方を五つのチームに分け、批判的思考力を育成するための具体的な方法を出し合ってもらいました。下記は、出された数多くの具体的方法を分類・整理したものです。

①批判的思考についてのイメージづくり

・批判的思考が、誹謗・中傷でなく、論議を深める相手を大切にする好意ある表現であることを、教師が説明する。

・批判的思考をし合いつつ論議を深めている映像資料を視聴させる。

・好意的批判の例を示し、そうした批判を受けてよかった体験を出させる。

・様々な指摘や質問、意見や考えを受け入れる土壌づくりをする。

②トレーニングする

・二人組を作り、話題について率直な意見交換をさせ、自分たちの考えが変化したことを確認させる。

・自分の考えや感じ方と相手の考えや感じ方の違いを比較しながら聴く習慣を付ける。

・新たな発想からの考えを出す機会を、意図的に設定する。

・次々と質問するトレーニングや、「本当にそれでいいの？」などの聴き方を習得させる。

・感じ方・考え方の違いに気づく体験を積み重ねる。

・「みんなが納得できる遊びのルール作り」など、多様な意見ができる課題で論議させ、相手の意見に対して、「～としたら～」と意見が出せるようにする。

・批判の理由や根拠を出させ、批判された側を納得させる。

③批判的思考の良さの実感
・批判的思考を重視した論議の経緯を映像で撮り、視聴させ、その効果に気づかせる。
・どのような批判が、その後の論議に影響を与えていったかを検討する。
・論議により生まれたゴールについて、一定の結論にとどめず、批判的思考により、論議が深まることを実感させる体験を積ませる。
・批判的思考により、互いの考えが深まったことを省察文に記述させる。

(2) 小中連携学習

小中合同の実践事例として、東京学芸大学竹早地区連携教育研究で授業発表された創作活動「文壇パーティにようこそ」を取り上げてみましょう。この合同授業は、小学三年生・中学二年生が合同で物語を創作する活動です。次のプロセスで展開されました。

①小学三年生・中学二年生が合同で四〜五名のチームを編成する。各自が物語や詩などの創作作品を持ち寄り、小中合同で批評し合う。
②次の授業でも、小中学生が入り交じって、「時計」「雨」「動物園」など物語のチームのテーマを決める。さらに、小中学生が協力して決めたテーマについて連想を広げる。
③やがて、決めたテーマ、また連想したことを生かし、小学生が創作物語を書き、その作品を読み合って批評し合う。

筆者はこの授業を参観しましたが、対話場面での年齢を超えた相互批評の活発さに感心させられました。

事後の小学生の振り返り文には、「自分でも気づかなかったことを言ってくれた」「ことばの使い方を直してもらえた」「自分の作品のよいところ、変えた方がいいところを言ってくれた」「自分の書いた物語がどんどん広がっていって楽しかった」と記されていました。中学生も、「小学生の発想のよさに驚いた」「創作意欲の高さに刺激された」「どんどん意見を出してくれるので、本気で考えた、それが楽しかった」と感想を記していました。

この実践活動では、話し合いだけでなく、補助ツールとして付箋を活用していました。教室内に掲示された物語文について、ピンクは描写や表現、ブルーは物語の構成、イエローはその他全般と色分けして、助言や感想が貼り付けられていました。

相手意識を持ち、作品がさらによくなるように率直に批判し合う活動が、小学生たちから「みんなが真剣に感想を言ったり、書いたりしてくれたので、楽しかった」との感想がたくさん書かれていました。

(3) 創造的な音楽劇づくり

松田京子先生は、音楽科の優れた実践者です。ことに音楽劇では、小学生とは思えない、観衆を引き付け、魅了する作品を子どもたちに創作させ、演じさせます。その松田先生から「教員生活最後の研究授業を多田先生に観てほしい、子どもの命輝く授業の実現を目指します」と招待されました。前日は沖縄県の宮古島にいました。ところが、筆者を乗せた羽田行きの航空機は、宮古島空港を飛び立った直後のエンジンの不調で、那覇空港に緊急着陸しました。やむなく、翌日、東京都台東区立富士見小学校に向かうことになりました。松田先生の最後の研究授業を参観できなかったことは、痛恨のことでした。

学校を訪問し、謝る筆者に、松田先生は、昨日の公開授業の次のステージの授業を参観させてくださったのです。筆者だけのための授業公開に、心が震えました。

「意見を活発に出し合い、話し合いながら合唱曲『佐渡の夏』をベースにし、自分たちなりのミュージカルを創造的に創り上げていく」ことを目標とした授業は、本物でした。六年生の子どもたちとは思えないほど、心情豊かに歌い上げ、伸びやかに演技していました。音楽劇としての質の高さに感嘆しました。なぜこんなミュージカルが創作できるのでしょうか。学習案を精読し、松田先生に指導のプロセスを聴くと、概ね以下の活動がなされていました。

・歌詞を深く理解する……歌詞を音読する、組曲の内容を知る、佐渡島の夏を想像する。
・主体的に取り組ませるために……自分なりに音質を知り、パートを決定し、音取りしていく。
・より深い音楽表現にするために……歌い方を話し合う、イメージを広げる、お互いにパートを聴き合う、二つ以上のパートのハーモニーをチェックする、場面ごとの和声の響きの美しさを意識する。

・ミュージカルづくり……四つの場面に分かれて創造的音楽づくりをする。チームで論議する。話し合いを繰り返しながら、音を重ねて、イメージを広げていく。旋律のチームは、場面に合った音色の楽器を選択し、表現を工夫する。各チームでつくった創造的音楽表現を三部合唱の曲間に挿入し、ミュージカルを通してみる。各場面を担当したチームの創造的音楽表現について、意見を出し合い、さらに深い音楽表現にする。

この音楽性豊かなミュージカルを創作させた原動力は、「批判的思考力」にあったと思えました。「チームの創造的音楽表現について、意見を出し合い、さらに深い音楽表現にする」場面の対話は、まさに批判のよさの発揮でした。「歩き方が速すぎないか」「木琴の音が大きすぎないか」等々、率直かつ具体的な批判が次々と出されました。子どもたちは、批判や提言を受けつつ、安易に妥協しないで、チームでの話し合いで納得できることは、修正していきました。

では、この「批判的思考」をもたらしたものは何だったのでしょう。

第一は、松田先生が育ててきた子どもたちの音楽の基礎力の高さにあるようです。合唱、演奏の基礎としての呼吸法、響きのある歌い方、歌詞や曲想への理解、いろいろな音楽表現を生かし、即興的に表現する体験、見通しを持って音楽をつくること等々の活動の積み重ねが、的確な批判をさせたのではないでしょうか。

第二は対話の活用です。通年にわたり、音楽科の授業では対話を活用してきました。話したい、聴きたいという題材や話題を用意し、話すことが楽しい雰囲気づくりにも留意してきたとのことです。

第三は、美の享受を目指し、心に響く感動を創り上げていく、みんなでより高いものを求めていく意識の共有です。音楽劇と向き合い、自分に何ができるのか自己分析し、試行錯誤を繰り返し、そして、新たな力を補いながら高みを目指し、果敢に挑戦していました。

【発展】

筆者は、これまでの教育実践経験から、批判的思考の育成には、勇気を持たせることと、批判を受け止め、むしろ生かすための精神的復元力が必要と考えています。次の事例と見解を読んでみてください。

(1) 発言する勇気

「発言する勇気、ぶつかる勇気」について、若い仲間、関朱美さんの『最高に暑かったアフリカ「モザンビーク」での「青年海外協力隊員」体験記』(二〇一八)を紹介しましょう。関さんは三年前、単身、青年海外協力隊員としてモザンビークに赴任し、二年間を過ごしました。明るく元気だった関さんは、逞しくなって帰国しました。次の文章は、関さんの電子文献からの抜粋です。

「私はあなたたちが好きです。でも、ポルトガル語が上手く話せないことを理由にこれ以上文句を言われたら、私は日本に帰らなければいけない」もちろん、ポルトガル語で発言をしました。

この半年の間、私は職場で毎日、笑顔で過ごしていて、本気で怒ったことはなかったと思います。しかし今回は違いました。私はポルトガル語の勉強ではなく、環境教育を学びに来ています。それを考えると私への様々なこれまでの対応は目に余るものがありました。

思い切って発言をしたときも、何を言っているか分からないと言う人もいました。それでもポルトガル語を英語に通訳するスタッフがいるので私の意図をくみ取り、助けてくれました。そして私が発言し終わった後はみんなから「あけみは帰る必要はない、あなたはここにいるべきだ！」と一斉に止めにかかってくれました。

そして文句を言っていたスタッフがミーティング後に「私のこと怒っている？」「あけみは怒る必要はないよ」と握手を求めてきてくれ、気持ちを理解してくれていたようでした。

今回、この会議で私がみんなに向かって発言したことは、自分にとっても、まわりのスタッフにとっても大きな出来事だったと思います。こんな発言をするとは予想していなかったようで、その場にいたスタッフたちは焦っていました。

我慢をして発言を控えようとすればできました。だけど、この発言をしなかったら今後も私を見下し、このような機会を奪い続ける人もいたと思います。悪いことは悪いって言う、そして、しっかりとぶつかっていきたいと思いました。意見を言うことは勇気がいります。だけど、言わないで悔しさや怒りを自分の心にしまっておくのはもったいないと思います。

みんなとぶつかったことで、みんなが私を必要としてくれていること、みんなも私と仕事をしたいと思ってくれていることが分かり、更なる信頼関係が築けそうです。

関さんは、二〇一八年四月から開発教育を学ぶため、立教大学大学院に進学しています。

(2) レジリエンス (resilience)

日本の子どもたちがなぜ批判的思考を発揮できないか、そうした子どもたちに批判的思考力を習得させるにはどうしたらよいかを、筆者はずっと考えてきました。そして、強化すべきは自己回復力 (resilience) であると気づきました。

レジリエンスとは、自分に不利な状態、自分が厳しい状況に追い込まれるのを避けたり、逃げたりする「脆弱性 (vulnerability)」の反対の概念です。自発的治癒力の意味もあり、「精神的回復力」「抵抗力」「復元力」「耐久力」などとされることもあります。

対話においても、少々の失敗に挫けず、批判を好意と受け止めつつ、安易に妥協しない、さらに心理的に辛い状況下でも、なんとか臆せず語る勇気を持たせたいものです。

とかく心理的なストレス対応力が弱いとされる日本の子どもたちのレジリエンスを高めておく

ことは、対話学習の大きな課題です。
レジリエンスについて、前任校の同僚であり、若い教育心理学者渡邊はるかさんは、次のように記しています。

レジリエンスを育むことは、今日の日本において最も大きな課題の一つです。子どもたちだけではなく、大人たちもレジリエンスの低さが、生きづらさにつながっているように思います。

レジリエンスを語る上でキーワードになるのが、「自己効力感」です。自己効力感とレジリエンスには関連があり、レジリエンスを高めるためには、自己効力感を高めることが有効だと考えられています。私は、自己効力感の背景には、自己への信頼と他者・環境への信頼が大きく関係していると考えています。

心理的に辛い状況に置かれた時、現実を受け止め、乗り越えていくためには、自分にはそれができるという自信が必要です。これが自己への信頼です。自己への信頼は、それ単体で存在するものではなく、自分を取り巻く人的・物的環境が支えてくれる、受け止めてくれるという信頼があってはじめて意味あるものになると考えます。

現在、子どもたちのレジリエンスの低さが課題となっていますが、その背景には、失敗体験や傷つき体験とじっくり向き合った経験の少なさが関係しているように思います。はじめから失敗しないように大人が環境を整え、何かあった時にすぐに手を差し伸べ、大人が解決してあげてしまうことは、子どもたちが自分の力で乗り越えるという貴重な経験を奪ってしまうのではないでしょうか。小さな失敗やちょっと背伸びした挑戦は、子どもたちが成長し、自己効力感を高めるチャンスです。子どもを勇気づけながら、辛抱強く待つことがもっとあっても良いように思います。これは、一人で解決できないような大きな壁にぶつかった時にも言えることだと思います。

大切なことは、周囲の支えを得ながら最終的には自分の力で乗り越える経験ができることだと思います。子どもの近くにいる大人たちに余裕がないことが、子どもたちのレジリエンスを低下させている要因の一つなのかもしれません。

子どものペースを大切にし、大人が見守りながら関わると、時間はかかるかもしれませんが、その子なりに乗り越える経験ができるように思います。ここでいう「乗り越える」とは自分を肯定的に受け止め、前向きな気持ちで、次のステップに進むことです。

子どもたちには、成功体験も失敗体験も必要なのです。褒められ体験だけではなく、叱られ体験も必要なのだと思います。成功し、褒められた私も、失敗し、叱られた私も、どちらの私も大切にされているという感覚が、どのような状況でも自分を肯定的に受け止めることにつながるのだと思います。このように自分自身の中にある多様性を認めることは、他者の多様性への寛容にもつながるのではないでしょうか。それが他者への信頼にも関係してくるのだと思います。

日本の青少年の現状に思いを馳せたとき、この渡邊はるかさんの文章（本書のために書き下ろしたもの）にある「レジリエンスを高めるためには、自己効力感を高める必要がある」との指摘に、深く共感します。自分に自信を持たせること、安心して語れる雰囲気を醸成することが、批判的思考力を高める土壌となるのです。

8 非言語表現力の育成と活用

身体表現、服装、対人距離などからも、無言の意思を伝えられます。非言語表現は、言語表現以上の伝達の手立てなのです。この活用方法の習得は、通じ合い、響き合い、共に創り合う対話の有用な手立てとなります。ここでは、対話における非言語表現力を活用する意義とその育成方法について記述します。

【解説】

まず、非言語表現とは何かを考察しておきましょう。

(1) 非言語表現とは何か

異文化間コミュニケーション研究の先達、L・A・サーバー、R・E・ポーター、N・C・ジェインは、次のように記しています。

> 意思伝達におけるノンバーバルの重要性を理解している人は、社会において成功するだろう。人の上に立つ人は言うに及ばず、演技を必要とする職業、説得を必要とする職業に特に大切である。友人関係においても自分の気持ちを正確に伝えるのはノンバーバルの理解なくしては至難のわざである。人間関係におけるノンバーバルに敏感になれば、友人関係や社会生活全般にその効果が表れるであろう。
>
> （西田司他訳『異文化間コミュニケーション入門』聖文社　一九八三）

さて、非言語表現の種類については、様々な見解があります、類型化すると概ね以下のようになりそうです。

身体行動：身体の動き、顔の表情、手の動き、姿勢、アイ・コンタクトと凝視
身体の特徴：体型、頭髪、口臭、眼や髪、皮膚の色
空間の使い方：対人的空間、縄張り
接触行動：触れる、握る、撫でる、叩く
準言語：パラ言語（話の速度、声の高さ、抑揚、声量）、声の特徴

感情や体調から出る音、間・沈黙のメッセージ

図形表示：図形記号、標識、絵文字

人工装飾：衣服、装飾品

環境要素：建物、室内装飾、色、温度、音、デザイン

(2) 対話における非言語表現の有用性

コミュニケーションの八割が非言語によるとされるように、非言語表現は重要な役割を持っています。聴き手にインパクトを与える要因について、「身だしなみ・外見」が五五％、「話し方」が三八％であり、「話の内容」は七％、との調査結果さえあります。筆者自身は、「話の内容」も重要とは考えています。人が他者の話を興味を持って聴くのは、未知の情報や、自分とは異なる意見や感想が語られたとき、つまり、内容が聴き手を引き付ける場合も多いからです。

しかし、他者との対話においては、確かに非言語は有用な手立てです。例えば、ほほえみ、うなずきなどの所作は、親しさや同意などの意思を伝えます。また、好意を持たれたい人と出会うときには、衣装や髪型、メークに気をくばります。顔の表情は、怒りや悲しみの表現となります。

筆者は、非言語表現において、身体接触が特に効果的と思います。それは、触れることには、対象との距離がないからです。視覚、聴覚、嗅覚などは、対象との間に距離があります。しかし、触れる、すなわち触覚は、直接的で距離がありません。

握手を例にとりましょう。握手をした人と、された人との間に距離はなく、触れる感覚と触れられる感覚が同時に成立しています。また、握手された人は、手を握り返すことにより、受容から能動的な行為となります。このことは、相互に相手に触れられているとの一体感、確信を与えます。

見る、聴くの行為は、距離があるだけに、見ているようで、聴いているようで、はっきり、見た・聴いたと言いきれないあいまいさを持っています。こうしたことから、触れる行為は、非言語表現として有効と考えています。

言語表現に比して、非言語表現は、無意識的に、感情に支配される傾向があります。愛情、悲しみ、喜びなどの感情が自然と、身体動作や対人距離に表れてきます。他方、意識的な非言語表現は、相手の感じ方、意識に影響を与える有用な手立てとなります。

【実践事例】

非言語表現を子どもたちに習得させるための具体的手立てを紹介します。

(1) 模倣の学習法

非言語表現の重要性を認識させ、多様な表現方法を習得させる有用な方法は、模倣の学習方法、すなわち「真似る」ことです。青山学院大学女子短期大学での国語表現の授業では、一人一人の学生にスピーチをさせました。このとき、相互評価をさせました。話し方、事例、構成、独創性に加えて、非言語表現を評価項目にしました。すると、学生たちは、非言語表現（顔の表情、手の動き、姿勢、実物の提示、沈黙の活用、服装など）を意識しスピーチするようになりました。それを評価することは、その大切さを認識することになり、次回から真似るようになっていきました。

また、非言語表現を効果的に使い視聴者を引き付けているテレビ番組やＣＭなどを視聴させ、どんな非言語表現が、どのような効果を上げているかを論議させました。さらに、次の授業までに、非言語表現の有用性を示す事例を持ち寄ることを課題とすると、友人が示す非言語表現を見たり聴いたりしつつ、それを真似る姿勢が培われていきました。

(2) チーム作り

チーム作りと非言語表現の習得を結び付けます。

学級の子どもたちを、生まれた月日の順に並ばせます。このとき、ことばを使わない、話し合わないことをルールとします。やがて子どもたちは、指で表現したり、うなずいたり、目配せなどをしつつ、生まれた月日の順に並びます。並び終わったら、「一月三日」「一月七日」というように、生まれた月日を言わせます。間違っていたら入れ替えをします。その後、例えば五人一組にしたいのなら、「一」「二」「三」「四」「五」というように順番を言わせ、チームを作らせます。

(3) 世界の挨拶

世界の挨拶を組み合わせ、実際に動作させます。黙礼する、握手する、肩を叩き合う、ハグする、頬をつける、鼻をつけ合うなどです。無言でも相手と親しくなれること、また世界には様々な挨拶があり、それは対人距離に関する民族性に起因することなどに気づかせる活動です。

(4) ジェスチャー

二チームに分かれます。

互いに題を出し合い、自分のチームの前で無言で演技し、一定時間に出された題を当てます。小さな子たちなら、「ゴリラ」「タヌキ」「猫」といった動物当て、大きな子には、「こたつでみかんを食べている」「ワールドカップでゴールを決めたA選手」といった少し難しい題を出します。中学生や高校生には、「友情」「教師」「人生」といった抽象的な題もよいでしょう。

列を作り、先頭の人に題を知らせ、リレーさせ、最後の人に速く正確に伝える方法もあります。

(5) 三つの場面の無言劇

昔話を無言劇にします。

四〜五名のチームを作ります。チームごとに、表現する昔話を決めます。それを三つの場面で表すこととします。ただし、場面を表現するときは、動かないこととします。実際の表現場面では、チームの構成員で、第一の場面、第二の場面、第三の場面を協力して表現し、見ている人たちに、何の昔話かを当ててもらいます。無言で、静止で表現することが約束です。

(6) 音読・朗読の活用

姫路市立英賀保小学校の中根拓真先生の第三学年国語科「モチモチの木」の授業は、音読を通して非言語表現力を高めた実践でした。授業では、叙述から想像が広げられるよう、挿絵も活用しながら、様子や心情を読み深めさせていきました。次に、場面ごとに捉えた豆太の様子や心情を踏まえ、聞く人に伝わるような音読の仕方を考えさせました。また、日頃から対話を活用してきたことを生かし、友達と交流することで、読み方に色々な工夫があるということに気づかせました。さらに、最も豆太らしさが表れると考える場面を各自に選ばせ、音読の工夫をさせました。音読発表会を開き、一人一人に音読する場面を選んだ理由を伝えさせた上で発表させました。

山梨県北杜市立長坂小学校の溝口一康先生による宮沢賢治の「やまなし」を教材とした六年生国語科の授業は、「自分の感じたことが伝わるように朗読する」ことを目標としていました。

子どもたちは、作品を丁寧に読解した後、「この作品で宮沢賢治が伝えたかった想い」について、作品を再読しつつ、自分の考えを述べました。すると、「想像力が豊かになってほしい」「死は悲しいだけではない」「厳しい暮らしの人々に希望を与えたい」「世の中には、こわいこともあり温かな触れ合いもある」等の様々な意見が発表されました。筆者は授業を参観しつつ、子どもたちの深い読み取りに感心させられました。

「モチモチの木」では、子どもたちは、自分なりの読み取りを音読で表すために、抑揚、間、強弱などを工夫していました。「やまなし」の実践では、多様な角度からの作品の鑑賞が、聴き手を引き付ける深みのある個性豊かな朗読をさせていました。

音読・朗読は、非言語表現力を高める有用な手立てとなるのです。

(7) 絵文字

言語による対話に苦手意識を持つ子どもたちに、自己の潜在能力への自信を持たせ、自己表現への勇気を与える手立てとして、大学の授業で行ってきた「絵文字」の作成を紹介しましょう。

授業の概要は、次の通りです。

テーマ「ことばによらない伝達方法を学ぼう」

学習プロセス

①先住民族の伝達方法を知らせる（アルタミラの洞窟壁画、エジプトのヒエログリフ、アメリカ先住民の絵文字、ロマのホボサイン、中国雲南省のトンバ文字、など）
②現代使われている絵文字を探させる（交通標識、コンピューターのアイコン、会場案内表示）
③絵文字の種類を解説する（具象的絵単語 pictograms と抽象性の高い絵単語 ideograms）
④前年度までの先輩の作品を鑑賞する
⑤絵文字の作成と相互批評

非言語表現を高めることを目的とした絵文字の作成でしたが、学生たちの潜在能力の高さに驚かされました。発想・イメージ力の豊かさ、センスのよさに感心させられました。この学習活動は、対話における一人一人の潜在能力への信頼を確信する活動にもなりました。

学生たちが描いた作品を紹介しましょう。

「平和」

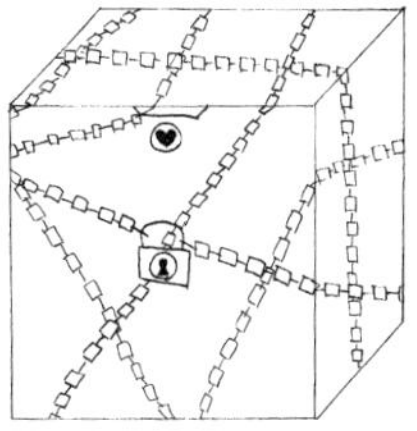

「私」

「青春」

【発展】

(1) 非言語表現についての様々な研究

非言語表現については、様々な研究がなされてきました。対人距離研究に関わる研究は、プロクセミックス（Proxemics）と呼ばれています（近接学、近接空間学とも呼ばれている）。

この研究は、ボディーバブル（対人距離）は、多様な文化的背景を持つ人々により、感じ方が多様であることが明らかにされています。ある一定の距離も、「よそよそしい」と感じたり、「なれなれしい」と不快感を持ったりするとの違いです、

時間について扱う分野（クロネミックス）研究によれば、同じ時間も、文化により異なる受け止め方をすることを明らかにしています。

欧米のように、時間を物質のように捉え、大切にし、無駄にしないように考える文化圏では、モノクロニック（monochronic time）、すなわちスケジュールを重視し、物事を一つ一つ片付けていく傾向があります。

中南米・地中海地域・中近東地域のように、時間は物質のようにつかめるものでないからそのように捉えない文化圏では、ポリクロニック（多元的）な時間（polychronic time）すなわち、計画やスケジュールよりも、その時々を重視し、複数の事柄が同時進行するような時間の使い方

をする傾向があります。

(2) 異文化理解と非言語表現

非言語表現は、異文化理解に重要な役割を持ちます。指や手での表現、対人距離といった、些細に思える所作が、大きな誤解や偏見を生起させるからです。

私的体験ですが、イギリスで研究所や私宅を訪問するときは、事前に訪問時刻を約束するアポイントが重視されていました。他方、ブラジルに住んでいたとき、雨が降りだしたので走っていたら「日本人、そんなに急ぐな。向こうだって雨が降っているぞ。休んでいけ」と声をかけられました。中近東に二年間滞在しましたが、「インシャーラ（神の思し召しのままに）」を折に触れて言って、トラブルを収束させていたのを散見しました。この曖昧さが、民族紛争の絶えないこの地に和平をもたらす知恵とも感じました。

異文化理解の視点から非言語表現について言及すれば、「文化により、個人により、使い方や意味が異なる。よって思い込みによる早まった解釈をしない」ことは、きわめて大切です。日本人の何気ない所作が侮蔑を感じさせたり、誤解を生んだりする原因にもなりかねません。文化の異なる人との対話では、「相手の非言語表現を知り、対応する」ことを心掛ける必要があります。

9 他者の心情や立場への響感・イメージ力の錬磨と活用

対話の基層をなすものは、他者の心情や立場への響感・イメージ力だと考えます。相手の心情や思いに響き合うことや、表現の背景にある思いや立場への推察力が、相互理解を深め、信頼感を醸成していきます。

ここでは、響感・イメージ力の重要性と、その育成の手立てについて記していきます。

【解説】

(1) ユネスコの世界大会で

筆者が推察・響感力の重要性を認識したのは、ユネスコの豪州アデレードでの世界会議に出席したときの失敗体験でした。アデレード大学で開催されたこの大会のテーマは Learning to live together でした。

日本代表として派遣された筆者は、日本出発前に、平和分科会での基調提案を依頼されていました。依頼を受けたとき、筆者の脳裏に浮かんだのは、原子爆弾がもたらした悲惨な状況の報告でした。友人の岩谷端先生（元青梅第三小学校校長）は、生後一週間目に長崎で被爆しました。お母さんは赤ちゃんを抱きしめ、父親はその二人を抱え込むように庇い、共に亡くなりました。後に、岩谷先生を育ててくれた祖母によると、お母さんは、ずっと赤ちゃんを見つめながら死んでいったとのことでした。

この悲しい話を岩谷さんから聴き、胸打たれた筆者は長崎の原爆資料館を訪れ、様々な資料を集めました。それらを整理し、アデレードの会場で提示しながら報告し、さらに平和を守るために教育がなすべきことを提案しました。

苦手な英語でのスピーチを終え、安堵するとともに、聴衆である各国の人々の心に迫る報告ができたと思っていました。ところが、事後の質疑応答で、質問や叱責とも思える意見が続出しました。「日本が悲惨な目にあったというが、第二次大戦中に、他の国々で日本軍によって行われた残虐な行為を知っているか」「日本の学校では、東南アジアの国々への日本の侵略について学ばせているのか」「日本の代表として、責任ある回答を求めたい」等々でした。なんとか拙い英語で質問に答えて終了しました。

その夜の懇親会で各国の代表と語り合ったとき、筆者は「私も第二次世界大戦中にみなさんの国の人々が悲惨な状況になったことは知っており、そのことを悲しく思い、だからこそ、戦争を起こしてはならないと考えたのだ」との趣旨のことを語りました。すると、「なぜ、それを冒頭に言わなかったのか、私たちの心情に配慮があることを述べた後に、日本の原爆の話をしてくれれば、よく分かったのに」とインドネシア、タイ、マレーシアなどの東南アジアの国々の多くの人々から、諭されました。

つくづく、聴き手の立場や心情への推察力の大切さを痛感させられた失敗体験でした。

(2) 折戸えとなさんの生き方

筆者は立教大学大学院異文化間コミュニケーション科で十余年、「国際理解特論」を担当してきました。ここに集い来た履修生たちは、それぞれに個性的でした。授業はいつも、多様な視点からの煌めくような発言に満ち、ときに笑いが広がり、知の爆発、知の化学変化が生起していました。そうした履修生の中に、感性豊かな行動の人、折戸えとなさんがいました。

えとなさんと同期の履修生たちは、わけても、知的対話を楽しむ「仲良し」たちでした。職業も、専門分野も、生活体験も異なる人々が、その異との出合いを楽しみ、その出合いの中から、新たな自分を創る快感を共有していたように思えます。

その折戸さんが提出してくれたレポートの一部に、インドネシアの高校に留学していたとき、現地の高校生と真摯に交流したことを記した次の文章がありました。

インドネシアの高校生は、日本人を侵略者と見ており、私はインドネシア人をどこかで見下した思いが心にあったことに気づいた。アジアの中で自分たちは先進国であり、より上にあるとどこかで感じてきたのかもしれない。私たちは、自分たちの中にあった偏見を告白しあった。それは私たちが一つのハードルを越えた瞬間だった。偏見を取り除くこと、それは対話の力、体験の力である。偏見に気づくことさえ、やはりある経験を通してでなければできないことであると私は学んだ。

響感・イメージ力は、微妙なニュアンスの違いなど、不確実で曖昧な表現からも相手の真意を洞察し、深い対話をもたらすと考えています。対話における響感・推察力を育むためには、五感の覚醒、相手の立場や心情をイメージし、響き合える豊かな人間性を育むことが大切です。

五感の覚醒には身体全体で気づき感じる体験が、豊かな人間性を育むためには「旅」の体験が有効と考えています。その旅とは、「現場への旅」と「精神の高みへの旅」に大別できるでしょう。現場への旅とは、文字通り現場に出向くことです。様々な発見・気づきが起こり、心揺さぶられ、現実を知り、ものごとの本質を見通すことができます。「精神の高みへの旅」とは、折戸さんの文章に綴られたように、気づき・発見、自己成長・自己変革の機会を得ることです。

折戸えとなさんは、非常に残念なことに、二〇一八年初夏、夭逝しました。彼女の追悼式に参列し、その生きた人生を知りました。自然農業に従事し、さらに東京大学で六年間かけて博士の学位を取得したように、学的世界の探究に取り組んできた折戸さんは、「現場への旅」と「精神の高みへの旅」を継続し、高みを探究する人生を送ってこられたことをあらためて知りました。

【実践事例】

以下に、子どもたちに他者の心情や立場への響感・推察力を育むための具体的な実践事例を紹介します。実践事例に共通するのは、「気づく」「感じる」「考える」ことです。気づくことは、響感・想像力を培う第一歩です。その意味を身体全体で「感じ取り」、さらに、「考える」ことにより、響感・想像力は育まれていきます。

(1) 自然に触れ・自然に学ぶ

世界の荒涼たる地域を探訪し、帰国後、日本各地を旅すると、日本がいかに自然豊かな国であるかを実感します。この豊かな自然に触れ、自然から学ぶことが響感・イメージ力を高めていきます。

諏訪哲郎先生（日本環境教育学会会長・学習院大学教授）は、「森の中にただ連れて行っただけでは、学生たちは多くのことに気づくことができません。枯葉の下に虫がいることや植物の生きていくための工夫など、何気なく見ているものを、五感を使って触れたり観察したりすると、自然界の不思議の世界が見えるということに、気づいていきます」と語っています。

自然に触れ・自然に学ぶことは、環境に順応して生きる動物たちの知恵や、したたかに生き抜いている植物の生態について、深く感じ、考える機会となります。

(2) 氷を割る

東京都北区立西が丘小学校には、感嘆するほど、子どもを見守り、そのよさを伸ばそうとする先生たちがいます。その一人、北原ひろみさんは、感受性豊かな子どもを育む心やさしき先生です。一年生の子どもたちと近くの公園に出かけ、桐の実、スズカケの実、スダジイ、ザクロ、カリンなどの落ち葉を見つけさせ、それを使ったおもちゃづくりをするなど、四季の移ろいを身体全体で感じ取らせる活動を日々継続しています。

学級だより「カラフル」には、次の文章が記されていました。

月曜日、降り始めた雪、これはチャンス！　と、全員で、校庭に出て雪の結晶を観察したり、雪の積もり方や手触りなどを観察したりしました。火曜日、校庭一面雪でした。たくさん雪に触って、たくさんの発見をしました。水曜日、登校中みんな転んで学校に来ました。原因はもちろん氷です。どんなところが滑るか、雪とどこが違うのか、校庭に出て観察しました。最後に、プールの水が凍っていたので全員で観察に行きました。まずは雪玉をプールに投げると、スーッと滑って対岸に行きました。プールの氷を割り、その氷に触ってみました。「つめたい」「ガラスみたい」「つるつるする」と大はしゃぎでした。

同校の淵脇康夫校長先生は一年生の様子を見に、プールまでついて行きました。すると、子どもたちは、氷を放り投げるとそれが砕け散り、日の光に照らされキラキラと輝く様子に、楽しそうに見入っていたと話してくれました。感受性とは、教師による、自然の移ろいへの気づかせによってこそ育まれると思ったことでした。

春の夕刻、北原先生と一時間余り語り合いました。筆者が、「子どもたちの響感力や想像力を高めるためにどんな活動をしていますか」と問うと、「自分自身がたくさんの絵本を読み、よいと思った作品をたくさん読み聞かせするようにしています」と語ってくれました。

(3) 気づき・感じ・考える

筆者が勤務していた三十余年前、緑の少ない熱砂の国にあるクウェート日本人学校では、小学校高学年以上の子どもたちを連れて毎年スイスのオーストリア国境に近いスコールという山麓の小さな町に修学旅行に行っていました。この修学旅行のテーマは、「気づき・考える」でした。期間中、夕食前に十数名の子どもたちの中から、三名が交代で、その日に「気づいたこと、考えたこと」を発表しました。「気づき・考える」ことを意識しつつ行動していると、子どもたちは、様々なことを発見し、考え始めることが分かりました。

帰国後も、小学校、中・高校で、「気づき・考える」を大切にした実践を筆者は継続してきました。その具体例が、「気づきカード」の活用です。葉書大のカードを用意し、帰りの会などで、友達のよかったこと、工夫していたことなどを書いて渡すと、融和的な雰囲気がつくられていきます。気づく習慣、感じる心を育むのに有効でした。「気づきカード」の活用では、全員に行き渡るような工夫をすることが大切です。

施設訪問や校外学習に行った折などに、「気づいたこと」「感じたこと」「考えたこと」を色分けしたカードに記して全員が掲示するのも、よい方法です。

(4) 三行詩や励ましの短歌をつくる

詩や短歌をつくることは、自分の心の中や、身の回りで起こっていること、出会った人や風物、景色などをより深く理解し、しっかりと心に刻むことです。よい詩や短歌と、気づくこと、発見すること、感じること、考えることが大切と考えます。こうした詩や短歌を活用して響感力・イメージ力を高める学習活動が、三行詩や励ましの短歌です。

三行詩では、よく自己紹介を作成させていました。「私の父は暴走族でした、母は良家の令嬢、その間に生まれた私は、一見大人しそうですが内面は狂暴です」「わたしの名前はさおりです。すきな魚はさよりです。そして、好きな花はさくらです」「身長一六〇センチメートル、ヒールの高い靴を履くと巨大です。しゃべりにくいタイプともみられます。でも小心で、みんなよりちっちゃいのにな、と思っています」といった作品ができました。

励ましの短歌は、「自分を励ます」「友達を励ます」「世界を励ます」の三種類としました、五・

七・五・七・七の定型を用い、作品を作成します。

作成した自己紹介の三行詩や励ましの短歌は、印刷・掲示し、相互合評します。作品としての質の高さよりも、気づくこと、感じること、それを表現することをねらいとすると、学生たちは、実に楽しそうに創作していました。

(5) 文学作品を読む

文学作品を読み味わうことは、登場人物の心情や生き方に響感したり、啓発されたりする機会となります。作品の構成や叙述、場面設定や自然の移ろいなどの情景描写を丁寧に読み取ることにより、豊かな想像力を育んでいけます。

筆者が授業で使用し、響感・想像力を育むために効果的と思えた文学作品を紹介します。

「花咲き山」（斎藤隆介）

山菜を採りにいった主人公の少女あやは、山ンばに出会います。自分のつらい体験を語ると、山ンばは、あやを不思議な場所に案内します。そこには、様々な色の花が美しく咲いていました。山ンばは、人が我慢をしたり、優しいことをすると美しい花が一つ咲くのだと教えてくれました。そして、あの花は、あやが咲かせたのだと告げます。そこは花咲き山でした。

「おにたのぼうし」（あまんきみこ）

節分の豆まきの日に、家から追い出された優しい鬼の少年・おにたは、節分の豆まきを逃れ、女の子と病気のお母さんが住む小さな家にもぐり込みます。すると、少女は飲まず食わずで、母親を看病していました。おにたは、そっと、食べ物を差し入れます。少女は喜びますが、今日が節分だということに気がつくと、母さんの病気はきっと鬼の仕業だから、自分も豆まきをしたいとおにたに打ち明けます。おにたは、「鬼にだって悪い鬼もいれば良い鬼もいるのに……」と悲しくなり、かぶっていた帽子を置いて去っていきます。

「温かいスープ」（今道友信　フランス文学者）

第二次世界大戦が終わって間もない頃、作者はまだ反日感情が色濃かったフランスのパリに留学します。「温かいスープ」には、雹《ひょう》が降った二月の寒いある夜の出来事が記されています。それは、貧しかった作者が通い、いつもきまって一番安いオムレツとパンを注文していた、母娘二人で経営する小さなレストランでのことでした。

その夜、作者は例によって無理に明るい顔をしてオムレツだけを注文して、待つ間、本を読み始めます。店には二組の客がありましたが、それぞれ大きな温かそうな肉料理を食べていました。そのときです。背のやや曲がったお母さんのほうが、湯気の立つスープを持って私のテーブルに近寄り、震える手でそれを差し出しながら、小声で、「お客様の注文を取り違えて、余ってしまいました。よろしかったら召し上がってくださいませんか」と言い、優しい瞳でこちらを見ています。小さな店だから、今、お客の注文を取り違えたのではないことぐらい、作者にはよく分かります。こうして、目の前にどっしりしたオニオングラタンスープが置かれました。寒くてひもじかった作者に、それはどんなにありがたかったことか。涙がスープの中に落ちるのを気取られぬよう、一さじ一さじ噛むようにして味わいました。フランスでもつらい目に遭ったことはありますが、この人たちのさりげない親切ゆえに、フランスを嫌いになることはないだろう、いや、それればかりではない、人類に絶望することはないだろう、と思うのです。

国際理解教育を専門とする筆者は、この作品を読み返しては、深く響感してきました。作者の今道先生にいつかお会いしたいと願いつつ実現できずにいます。

【発展】

(1) ベロオリゾンテ補習授業校の「共創」意識が溢れる学校づくり

今から三十余年前、ブラジル高原の都市ベロオリゾンテに、小さな学校がありました。日本人の滞在者の子女が通うベロオリゾンテ補習授業校です。子どもたちは、小学校一年生から中学三年生まですべての学年に在籍し、総数は四九名でした。これに対し、教師はわずか二名でした。

このため複式二部制、すなわち、午前中は小学校一年生から四年生、午後になると小学校五年生から中学三年生までが通学してくるシステムの学校でした。

民家借用のこの学校は、まさに、無いないづくしの学校でした。実験道具、参考書、模型などはほとんどなく、図書は各家庭からの寄贈に頼り、校庭は民家の庭だけでした。

無いないづくしの学校でしたが、「気づき、考え、実行する」（クウェート日本人学校時代からの継続）を合言葉に、この小さな学校には学習環境の厳しさを高みにつなげる「共創」の精神が流れていました。

教師が少ないことは、子どもたち同士の相互扶助・創造の精神を育みました。中学生が小学生の先生になったり、貴重な参考書を融通し合ったり、また苦手な科目を教え合う姿が見られました。週一回の昼休みの全校集会などで「気づいたこと、感じたこと、考えたこと」を発表し合うと、そこから、学校をよくするためのアイディアが出てきました。小学校一年生が、「学校にお花が少ないよ」と言いました。それを契機に、狭い庭の片隅に、アサガオやヒマワリの種がまかれ、教室に交代で花を飾るようになりました。全員の協力で、赤、黄色、紫などの花々で溢れた学校になりました。

今、想起すれば、この小さな学校の基調は、「他者の心情や立場への響感・推察力の錬磨と活用」にありました。その具体的な活動の一つが、詩作でした。子どもたちは日々、心に浮かぶこと、気づいたこと、考えたことを、詩にしていました。その詩は、朝の会で朗読され、また詩集にまとめられました。

五年生の詩「ブラジルの牛」（土屋基枝さん）では、自然の移ろいを背景に大草原をゆっくり歩む牛の群れを通して雄大なブラジルの大地が描写され、「サンゴタルドの麦畑」では、セラード（荒地）をコーヒー農園にするまでの日系移民の方々の生活を推察し、またその労苦に思いを馳せた詩をつくりました。

夢のような学校づくりだった日々を振り返るとき、学校生活のテーマ「気づく、考え、実行する」の基調は、「感じること」ではなかったかと思い当たります。修学旅行の夕食時、全員にメッセージカードが配られます。記してある名前の人に、その日の行動について気づいたこと、感じたこと、感心したことなどを記します。やがてそのカードは本人に渡されます。気づくこと、感じることの共有は、共生社会に形成者としての素地を育んでいったと思えました。

筆者は、この地で生まれた娘に、朝明けの美しいベロオリゾンテ（美しき地平線）にちなんで明日美と名づけました。

まだ若かった筆者に「子どもたち一人一人に豊かな可能性がある」「教育の真髄は子どもたちを事実として成長させることにある」との教育観を確立していったのは、この学校での日々であったと思っています。

(2) 詩をつくる

二〇〇四年、月刊誌『海外子女教育』(六月号)は「詩をつくるススメ」を掲載しました。子どもたちと共にたくさんの詩をつくった先生として、筆者が詩を書くことの意義(自己の潜在能力に気づく、観察力を高める、知的世界を広げる)、表現力を高めるための要点(テーマの明確さ、ことばの吟味、モデリングと朗読、体験し、対話する、沈黙の活用)について記述しました。

また、筆者の文章と文章の間には、実際の詩作を続けている二人、シンガーソングライターとしてAcceptanceなどの作詞で知られるイイダサトミさん、詩集『深呼吸の必要』『死者の贈り物』やエッセイ集『詩は友人を数える方法』の著者で詩人の長田弘さんに、詩とは何か、どのように詩を考えているのか、どのようにつくるのかについてインタビューした記事が掲載されています。

イイダサトミさん(インタビュー記事からの抜粋)

私が初めて詩を書いたのは小学校五年生かな。中学生になると、学校で孤立していじめられていました。自分のなかに屈折した思いがたまると、吐き出すように三年間で、何十冊も日記に書きまくっていました。

私の歌は、私と同じように何かしら、痛みを持って、負けそうになって、それでも必死で我慢して持ちこたえているような人に聴いてほしいかな。私は常にノートを持って歩いています。机にむかっているときでなく、歩いているとき、空を見上げているとき、ふっと浮かんできます。早くしないと忘れてしまうので、すぐその場でノートに書き殴ります。それは一つのフレーズだったり、一つの単語だったりします。そういうピースがなんとなく並んで行って、いつしかピシッと決まる。

私にとっては「人が人であるって何だろう?」という問いはいつもあります。詩を書くことを含めて歌を作ること、そして歌うことがいつも、そのときの「自分とは何か」の答えを出すことです。

長田弘さん（インタビュー記事からの抜粋）

よく「詩が生まれる」と言いますが、大切なのはそれを育てること。だから「詩をつくる」と言うのです。育てて一人前のことばに成長させなければ続きません。そのために、詩を読むのがいちばん。詩は感受性のいちばんの栄養なのです。

私は、詩をつくるときは、意識して「自然体」の姿勢を作ります。普通の生活を守る中で、自分の心が器になるようにします。自分が自分であると感じられる状態を保って、そうして詩を待っている。そしてあるとき、そこに大切なものがあると感じる。そこに詩があると感じる。そのあとは、一気にことばがほとばしったり、ゆっくりだったり、なかなかいっぱいにならなかったり、そのときどきですが、はっきりしないものに形を与えるように育っていきます。器に徐々に水が満ちてくるようなものです。

詩を書くことは、自分のことばを受けとってくれる人をつくりだすことでもあります。私にとって詩は、職業でなく生き方なのです。

「詩をつくるススメ」の特集の文章を書き、二人の詩人のインタビュー記事をあらためて読み、詩作は人が人であることの証づくりであり、響き合う人間関係づくりでもあることを再確認した思いでした。

10 聴く・話す・対話に関わるスキルなど、対話の基本技能であるスキルの習得

対話には、基本技能の習得が不可欠です。それは、聴く・話す・対話するスキル、また、混沌・混乱時の対応法、深い思考に導く論議を深める方法などのスキルです。

ここでは、子どもたちの対話力を高め、深い思考力を育むための様々なスキルを習得することの意義を解説し、また、具体的なスキルを紹介していきます。

【解説】

(1) 子どもたちが語れないわけ

子どもたちが臆して語れない要因は二つです。その一つは不安感です。こんなことを言って笑

われないか、失敗しないかなどの恐れがあり、発言できないのです。他の一つは、相手の発言にどう反応したらよいのか、自分が伝えたいことはあっても、どう伝えたらよいのか、聴き方や話し方が分からないのです。スキルの習得の意義は、この二つの要因を解消するためにあるのです。

自分の伝えたいことを明確に伝えることは、なかなかに難しいことです。自分の意見や発想が、いかに自分自身にとってまっとうなものであっても、他人にとってはそうであるとは限らないからです。自他の間に、成育歴や対話に関する体験の違いなど、様々な要因による段差や溝があるからです。自分にとって当然であったり、あるいは明晰であったりする見解が、他人にとってそうであるとは限らないことも多々あるのです。

だからこそ、他人と理解し合うことは不可能である、あるいはきわめて困難であるという意識を持ちながらも、なおかつ、相手に分かりやすく、理解を促進するための対話技術（スキルの習得）が必要となるのです。

(2) 授業におけるスキルの有用性

筆者が対話型授業の実践研究をしている学校では、どの学校でも、基本技能としての対話スキルの習得の日常化を進めています。朝の会や帰りの会などを利用して、聴く・話す・対話するスキル、思考を広げ、深めるためのスキルの習得をトレーニングすると、確実に子どもたちは対話力を高めていきます。やがて、それが授業中にも活用され、次々と視野が広がり、思考が深まる対話が生起するようになっていきます。

授業における有用性について記します。山梨県北杜市立長坂小学校（丸茂哲雄校長・当時）の対話型授業では、対話スキルの習得が学習の質的向上に資しています。二年生の算数科「九九をつくろう」（田中和美・原藤さつき両教諭）では、「友達の考えと比較する　様々な求め方を考えさせる」授業を展開していました。五年生社会科「情報を伝える人々」（植松聖教諭）では、「考えの根拠を述べることや質問し合うこと、互いの考えの共通点・相違点を見つけながら聴き合うこと」を、六年生国語科「自分のものの見方を広げよう」（田所愛教諭）では、『鳥獣戯画』についての二つの解説文を比べて読み、見方や表現の仕方の違いを読み取ったり、吹き出しに見える場面について、吹き出しに書き込む言葉を自由に発想したりする授業を進めていました。

どの授業も、教師主導の正解主義でなく、学習者の子どもたちが、思考を広げ、深める展開でした。こうした授業が展開できるのは、多様な見方、比較、聴き合うなどの基本のスキルを習得させていることによるものでした。

【実践事例】

これまで筆者が実践研究仲間と共に開発してきた対話スキルを類型化して紹介します。

(1) 構えを取る

子どもたちの緊張感をほぐし、カチカチになっている構えを取るためのスキルです。

①「笑う」……一人で笑う。膝を叩きながら笑う。大声で笑う。隣の子とハイタッチしながら笑う。

②「一〇人と握手」……周囲の人々と握手する。一度止め、相手の目を見ながら笑顔で握手する。次に両手で互いに握りしめ握手する。できるだけ見知らぬ人と握手する。

③「褒め合い」……互いに、服装、髪型、人柄などを一定時間褒め合う。

④「歌いながら身体を動かす」……リズミカルな歌を歌いながら、様々な身体動作をする。

(2) ことばに親しむ

ことばの響きやリズムを感じ、楽しくことばに親しんでいくことは、対話力の基本です。

岩手県一関市では、このための「ことばの時間」を設定しています。

「ことばの時間」は、①「集中タイム」(心を落ち着け、音読に向かう姿勢を作る)、②「音読・素読」(作品の面白さ、心地よさを味わう。友達といっしょにことばの響きを楽しむ)、③「振り返り」(作品を読んだ感想を話し合う。自分では気づかなかった作品の面白さや友達の考えのよさ、次の時間に頑張りたいことなどに気づく)、により構成されています。

音読・素読する作品は、慣用句、四字熟語、古典、論語、漢詩、名作などで、テキスト『言海』

にまとめられています。教師の範読、語彙、文意の解説などを繰り返し、リズムや流暢性を意識し、ときにはカスタネットでリズムを取るなどの工夫を取り入れています。また、たけのこ読み（自分で選択したところを立って読む）、おいかけっこ読み（輪唱するようにずらして読む）、もぐら読み（最初の一行と最後の一行だけ声に出して読む）、アイコンタクト読み（区切りで目を合わせて、リズムよく読む）、交代で読ませるなど、様々な読み方を工夫しています。

また、立ち歩く、背中を合わせて読む、座る↓立つ、椅子の上に立つなど、体を動かしつつ読む活動も創作しています。

早口ことば、口の体操、口の開け方や発声練習なども取り入れています。年間計画が立てられ、日常的に「ことばに親しむ」活動が継続されています。

(3) 聴く力を高める

聴き取り方には、「相手の話の内容を正確に聴き取る」「励ましながら聴き取る」「批判しながら、自分の意見との違いを考えながら聴き取る」「相手の話を引き出しながら聴き取る」「見方・感じ方・考え方の多様さを聴き取る」「相手の立場を理解しながら聴く」などの多様な聴き取り方があります。

以下に、聴く力を高めるスキルを紹介します。

①「じゃんけん質問」……二人組でじゃんけんをする。勝った方が「好きなスポーツは？」「ど

んな中学校に通いましたか？」などと質問できる。答えたら、またじゃんけんする。

②「偉人を当てる」……二人組でじゃんけんする。勝った方は、偉人を思い浮かべる。負けた方は、何度も質問してどの偉人かを当てる。勝った方は、「はい」「違います」としか答えない。当たったら交代する。低学年なら、動物を当てるようにすると楽しい。

③「連続して問う」……二人組を作る。聴き手と話し手を決める。話し手は、「好きなスポーツ」「飼っている犬」など、聴いてほしいテーマを告げる。聴き手は次々と連続して聴いていく。

④「インタビュー」……聴く力を高めることにきわめて効果的なのが、「インタビュー」です。要点は下記の通りです。

・質問内容を明快にする。
・形式的でなく、納得できないときや疑問があるときは、次々と質問する。
・回答を真摯に、誠意を持って聴く。
・共感したり、同意したり、補足したりしつつ、相手の本当に言いたいことを引き出す。
・新たな視点を示したり、自分なりの提言をしたりして、質問により論議が深まり、広まっていくよう努める。

インタビューは一回だけでなく、時間を置いて繰り返し行うと深まっていきます。聴き取った内容を文章化しておくのもよい方法です。

(4) 話す力を高める

①「気づき・発見スピーチ」……通学途中や校庭などで気づいたこと、発見したことを話す。いつも見慣れた景色の中で、季節の移ろいや人々の生活の工夫に気づいたり、発見したりしたことを話す。

②「展示品の説明」……学芸員になったつもりで、自分が解説したい展示品を選択する。調査をし、確かな知識を持つ。解説のためのプランを作成する。みんなの前で、五分程度の解説を行う。評価用紙で相互評価する。映像に収録する。収録した映像を再生し、自己評価する。反省点・改善点を知る。反省点・改善点を生かして、最終解説演習をする。

(5) 対話スキル

思考を深めたり、多面的角度から事象を見たり検討したりする力は、対話にきわめて重要です。そうした力は、対話スキルのトレーニングにより効果的に習得できます。

①「共通点探し」……三〜五名でチームを作る。チームの構成員の共通点を探す。できるだけ多くの共通点を見つける。

②「物語を創作しよう」……各自キャラクターを一人決め、性格や体格などを決める（例：「かわいいけれどわがまま勝手なお姫様、だけど優しいところもある」「身体の大きな男、

すごい力がある、けれど気持ちが優しすぎて戦えない」「クールな男の子、いつも格好をつけている。冷たさを装うが実は涙もろい」「悪の魔王、世界征服を目指している」など)。それぞれのキャラクターを持ち寄る。みんなの話し合いによって、物語をつくっていく。みんなの前で発表する。

③「多様な立場からの対話」……多様な立場を意図的に設定し、論議させる。できるだけ様々な立場や視点を持つ人で論議すると深まっていく。また時間を置いて再度論議するのも、対話を深めることに効果的である。

(例)・地域のスーパーマーケットの建設について、経営者、生産者、消費者、市役所の都市計画担当者、お年寄り、子どもなど、様々な立場から調査し、論議をする。

・古都の世界遺産の観光利用について、推進派、反対派、観光客などの立場から論議した後、意図的に立場を入れ替えて、さらに論議する。

・「日本に性差別はあるか」「難民の受け入れについて」「生きるとは何か」「エベレストの入山料金は必要か」などについて、多様な視点から論議を深める。

(6) 論議を深める課題例

深い対話を生起させるには、課題が重要です。論議を深める課題の例を提示します。

・遺伝子組み換え食品の是非　　・動物たちが保健所で処分されることの是非

・憲法九条は改正すべきか　・裁判員制度は望ましいか　・体罰の是非
・優先席は必要か　・環境対策としての炭素税の導入　・学校選択制度について
・世界遺産を観光化すべきか　・臓器移植の可否　・コンビニの二四時間営業について
・学校でボランティアを必修化　・世界遺産をこれ以上増やさない
・六〇歳定年制の延長について　・死刑制度は廃止すべきか
・サマータイムの導入について　・生きる権利と死ぬ権利について
・クローン技術は必要か　・先生は生徒に敬語を使うべきか　・延命治療について
・派遣労働者に対する派遣切りの是非　・人工中絶について　・代理母出産の是非
・値下げ競争はよいことか　・薬のネット販売は認めるべきか
・集合住宅でペットを飼うことの是非　・福祉に税金を大幅に注入すべきか
・日本は移民を受け入れるべきか　・外国人看護師、外国人介護福祉士受け入れの是非
・原子炉の再稼働について　・自殺の是非　・死生観の違い
・エベレスト登山に高額を支払う一般人の登山の是非

⑺ 神戸大学附属中等学校の「五つの力」

筆者が研究協力者として参加している神戸大学附属中等学校では、次の五つの力を生徒に習得させています。この五つの力の習得が、対話力の育成にもつながっています。

①発見する力……新たに分かった事実から新たな課題を
②調べる力……ものごとの因果関係、仮説・反論を意識、妥当性・信頼性を目指す
③まとめる力……論文フォームにまとめる
④発表する力……聴き手を意識、臨機応変の対応力
⑤考える力（思考のプロセス）……すべての観点において育成される

(8) 瑞穂第五小学校の「ESDを通じて育みたい能力」とその活用

東京都西多摩郡瑞穂町立瑞穂第五小学校は、丹沢山系の東端に位置し、自然豊かな地域にある小学校です。筆者はこの学校の実践研究に、継続して参加してきました。同校では、地域の多様な教育資源を活用したふるさと学習「みずほ学ぶ」を通して、持続可能な発展のための教育（ESD）を推進しています。同校では、ESDを通じて育みたい能力と態度として、次の七項目を広義な意味での「スキル」として掲げ、実践研究を展開しています。

①「五感を使って感じる力」……様々な環境の中にあって、体ごと触れ合い、その価値を感じ取るという体験を積み重ね、その面白さに気づく
②「ものごとを正しく理解し、考える力」……新しい知識を得たり、知識と知識を結び付けたりして、物事を多角的に見つめ、判断し、考える
③「気持ちや考えを表現する力」……相手によく分かるように、場に応じた表現方法を工夫

し、自分の思いを正しく伝える

④「協力してものごとを進める力」……集団の中で、自分の言葉や行動に責任を持ち、自分の役割の意味を理解して、活動に意欲的に参加する

⑤「よりよい社会を思い描く力」……様々な立場の人たちの視点に立ち、共に暮らしやすい社会とはどのようなものかを想像し、未来について考える

⑥「失敗を恐れず、自ら挑戦する力」……先入観や苦手意識を持たずに新しいことに取り組み、自分自身の変容について振り返り、成長に気づく

⑦「多様な価値観を認め、尊重する力」……様々な人や物との交流を通して、多様な考え方や価値観に気づき、それを受け入れ、認め合う

筆者は研究協力者として、同校の実践研究に継続して参加してきました。

二〇一八年六月一五日、田中大志先生の五年生の総合的学習「一粒から世界を〝広げ隊〟~田んぼから知ろう　学ぼう~」を参観しました。

米や稲作の歴史・文化の学習と、実際の稲作体験を通して得る実感とを合わせて学び、一粒の米を大切にしてきた人々の思いや知恵について学ぶ。また、米以外の作物にも目を向け、そこから広がる食料問題や環境問題などに対する関心および意欲を養うことを目指した総合的な学習でした。

本時の学習は、田んぼに入って雑草取りや代かきをした体験を想起させ、次いで、米を育てるまでにどのような活動があるかを考えさせていました。子どもたちは、実に活発に意見を出し合っていました。授業の終末に、同校の三人の先生方が、「雀の賢さと、米を守る工夫」「旱天のときの水の確保の大変さ」「田んぼの生物の多様さ」などについて語り、子どもたちの知の世界を広げていました。研究主任の原田加弥先生には、箱根ヶ崎駅まで送ってくださった車中で「七つの育みたい力を日常から意識した学習の成果が、徐々に表れてきていると感じます」と語ってくれました。

なお筆者は、本書で紹介した以外にも、多様なスキルを開発してきました。それらについては、これまで記した対話に関する拙著を参照ください。

【発展】

東京都港区立南山小学校が、対話型授業の実践研究校として継続研究してきました。同校にも研究協力者として参加してきました。この学校の実践研究の大きな特色は話型の開発にありました。同校の話型開発は、教師の介入についての次の考え方を基本に置いていました。

　できる限り介入しない。特に四年生以上では教師が介入を自粛する。

異なった方向、明らかな間違い、児童では解決が無理と判断した場合、一通り意見が出尽くしたのにまとめに向かわない場合、納得していない児童がいるにもかかわらず話し合いが進められない場合、間違った解決で話し合いが収束しそうな場合、には介入する。その場合、教師も論拠を示す。

上記の方針に見られるように、話型は、子どもたちが主体的に学ぶための手立てとして開発されています。対話を深めることに関連する話型を、抽出してみます。

〈自分の考えを前の発言と関連させて話すための話型〉

○発言権を得るための話型

・今発言した○○さんの考えに関連しているので、発言させてください。

・○○さんとは違う考えなのですが、発言させてください。

・今の○○さんの結論と同じなのですが、私は理由が異なります。だから、理由の部分を中心にして、次に私に発言させてください。

・今発言した○○さんと、私は考えが全く違います。両方の考えの違いを聞いてから他の人は発言してほしいと思いますが、どうでしょうか。

○自分の考えを関連させるときの話型

・私も◯◯さんと同じで、〜〜だと考えています。その理由は、〜〜だからです。
・私は◯◯さんの考えと同じですが、理由が違います。その理由は、〜〜です。
・私は◯◯さんの考えと違って、〜〜だと考えています。その理由は、〜〜だからです。
・◯◯さんの考えを聞いて、私の考えが次のように変わりました。それは、〜〜です。
・◯◯さんの考えは、□□を付け加えると、もっとよくなると思います。

○前の発言者の考えをさらに詳しくするための話型

・◯◯さんの考えに付け足して、私の考えを言います。それは、〜〜です。
・◯◯さんの言いたいことを、もっと詳しく言えます。
・私は、〜〜について、具体的な例を挙げて説明します。それは、〜〜です。

○質問したいときの話型

・◯◯さんの考えのここが分からないので、もう少し詳しく教えてください。
・◯◯さんの言ったことは、どういう意味ですか。
・さっき◯◯さんは△△と言っていたのですが、今、□□というように発言したと思いますが、言っていることが一貫していないと思います。もう一度説明してください。

〈友達に考えを発言するよう促すための話型〉

○発言していない人に発言を促すための話型

・〇〇さんが発言していないけれど、どう考えているか聞きたいです。
・今私たちは、最初の〇〇さんの考え方について話し合っていたのだけれど、全く違う考え方をしている人は発言してください。そのような考え方を聞いてみたいと思います。

〇促されて発言するときの話型

・まだ考えがまとまりません。もう少し時間をください。
・今まで、みんなの考えをまとめながら聞いていました。だいたい〜〜という考えにまとまるのではないかなと思います。私はその考えに似ていて、〜〜という考えです。（私はその考えと違い、〜〜と考えています。）

〈出尽くした考えをまとめたり促したりする発言の話型〉

・みんなの考えをまとめると、〜〜というようになると思います。それでよいですか。
・考えの違いが明確になったようです。結果については同じですが、その根拠が違っているようです。もう一度みんなで確認する必要があると思いますが、どうでしょうか。

〈まとめる発言のための話型〉

・話をまとめると、つまり〜〜ということになると考えますが、どうですか。
・課題に対する結論は出たと思います。それは、〜〜です。どうでしょうか。

11 思考の深化を継続させ、「深い思考力」を育むための工夫

対話型授業の目的は、一定の結論を終着点とせず、次のステージに向かい、継続して思考を深化させ、その過程を通して「深い思考力」を育むことにあります。第I部第2章において、「深い思考力」の概念を示しました。ここでは、思考の深化を継続させていくための、対話型授業の考え方を考察し、具体的な手立てを紹介していきます。

【解説】

全国各地の学校で実践研究されてきた、深い思考力を育むための創意溢れた対話型授業の取り組みを考察すると、「思考の深化」のための実践知は、次のように分類できます。

(1) 基礎的素養の涵養

深い思考の土台は、知識の習得や多様な事象との出合い、通過儀礼としての体験などの総和によって培われる基礎的素養によって形成されます。

私立成蹊小学校では、「たくましい実践力が『深い学び』をつくる」をテーマに、リベラルアー

ツ教育の伝統を生かした教育実践を推進しています。

例えば、独自の総合的学習「こみち科」では、自然に親しんだり、身の回りの現象に関心を持ったり、集団の中で、協調しながら自分を表現することを大事にしています。具体的活動として、野菜の栽培から調理までの実体験を通して、知識が途切れることなく、連携しながら幅広く、深い学びを育む実践活動を展開しています。同校では「この学びは、日々口にする野菜が、汗を流して働いている人のお陰であることへの気づきにも転移していきます。こうして育まれた知恵は、豊かな着眼点から問題を解決していく能力（リベラルアーツ）の土台となる」と位置付けています。

茨城大学教育学部附属中学校では「二一世紀を生きるための『教養』を高める学びの創造」の実践研究に取り組んできました。「教養を高めることによって、自分とは何かを追求することができ、自分の立つ位置を確認でき、目指すべき社会、また今後の目標を見定め、その実現に向け主体的に行動できる」「中学生時代は、柔軟な感性を持っている。人生観・世界観、自己のアイデンティティの基礎を育むべきである」と捉え、学びを「教養」の視点から問い直し、実践研究を継続してきました。

そして、協同の学びにおいては、「身に付けた系統的な知識、日頃何気なく使っている言葉、これまでの体験など、すべてを総動員して対象に向かって働きかけ解決しようとする。すなわち、多様な知見や情報・体験などの総和を『教養』と捉え、それを活用することにより、他者との対話において、様々な比較・検討、関連付けができ、その過程を通して、自分の考えを再構築しつつ、思考を深めていける」としています。

(2) 思考を深める要件の分析と、思考を深める条件の活用

思考を深めるための重視すべき要件について精緻に分析し、また、学習過程に「条件」を設定し、思考を深める工夫してきたのが、金沢大学人間社会学域学校教育学類附属小学校の実践研究です。

同校では、対話型授業に関わる要件を、以下のように分析・整理しています。

「聞く」の機能……「相手の思いや考えについて意見を問う（聞く）」「相手の話に耳を傾ける（聴く）」「相手の考えに質問する（訊く）」「考えの構築に影響を与える（利く）」

「聞き合いの働き」の機能……「情報を集め、解を探る」「考えの成否を確かめる」「考えを持つ」「考えを共有する」「考えを整理する」「まとめる」「分からないことを知る」「つながりを考える」「別の考えを探る」「はっきりさせる」「理由付ける」「考えをよりよくする」「根拠を確かなものにする」「選択する」「考えを絞る」「様子を捉える」「可能性を検討する」「発想を広げる」「矛盾を解消する」

このように、「聞く」「聞き合う」の機能を分析し、学習過程で児童に意識させ、活用してきま

した。

次の段階では、「受け止め合い」から「見つめ直し合い（再構築）」による思考力・判断力・表現力の育成を目指しました。その具体化として、どの授業でも授業者が事前に、授業で重視する「条件」を設定し、条件を具現化するための手立てを明示することとしました。条件の例を示します。

Ａ　自他の思考や心情を表現しようとしていること

Ｂ　他者の思考を推察し理解していること

Ｃ　他者の心情を共感的に理解していること

事後の授業研究会では、事前に設定した「条件」について、以下の観点から検討されました。

・授業における条件設定の適切さ、及び手立ての有効性が見られたか

・授業者の設定した条件以外で、授業の課題から見いだされた条件はなかったか

同校では、やがて、条件設定による実践研究の進展から、深い思考力をもたらすためには「見つめ直し」こそ重要、と位置付けました。そして「見つめ直し」を、「他から得た知識や技能、ものの見方や考え方を自分の考えに反映させ、考えを再構成させていく。受け止め合いから自分の考えに戻り、考えを改めたり、それまでに気づかなかったことを認めたりして、自分の考えを見つめ直していく」と分析・整理しました。

上記の考えから、同校では、「見つめ直し」の中で起こる考えの再構成を次のように分析・整理し、思考を深め、発展させていく具体的方法として児童に提示し、活用させました。

○合成する（複数の考えを組み合わせ、新たな考えを持つ）
○選択する（複数の考えから、妥当と思われる考えを選ぶ）
○強化する（理由や根拠を加え、考えをより確かなものにする）
○補充する（考え方や理由などの不十分な面を補う）
○視点・観点を増やす（事物・事象を、違う視点・観点で捉え直す）

この「見つめ直し」の中で起こる自己再構成について研究主任に問うと、「自分にない知識や技能、ものの見方や考え方も含まれるため、一つ一つを吟味し、自分の考えとの関係（共通、相違、類似など）を捉えながら、自分の考えに反映させていく」、さらに、「見つめ直しによって至った自分の考えを、『みんなはどう思うか』『他の人はどんなことを考えたのだろう』など、次の聞き合いへとつなげていくことにより、思考力が育成される」と説明してくれました。

教育学者の上田薫は、「思考の体制、すなわち思考していくシステムを正しく育てることが教育の根本ではないか」（『知られざる教育――抽象への抵抗』黎明書房　一九五八）と記しています。同校の対話型授業研究における「聞く」「受け止め」「見つめ直し」などの要件の精緻な分析と条件設定による検証は、深い思考のシステムを探究した実践研究とみることができます。

(3) 「本物」「事実」との出合い

人が思考を継続し、深く考えていく大きな契機になるのは、「本物」「事実」との出合いではないでしょうか。対話型授業の実践研究において、「本物」との出合いを重視してきた学校の事例を紹介します。

鳥取県南部町立南部中学校は、地域との交流活動を重視し、地域や学校の環境をよくしていこうとする態度の育成を目標としています。この学校の実践研究に参加した折に、法勝寺川の土手沿いの桜並木を訪ね、約五・三キロにわたるこの桜並木にまつわるエピソードを聴きました。

第二次世界大戦中、この地に予科練の方々の宿営地がありました。ここに集められた若者たちは、明日をも知れぬ待機の日々を送っていました。その若者たちに、地元の人々は食べ物を差し入れたり相談相手になるなど、親身な支援をしました。やがて終戦後、生き残った予科練の方々は、平和への願いと支援してくれた地元の人々への深い感謝の思いを込めて、桜を土手に植えたのでした。

南部町立会見小学校では、このエピソードをもとに、「平和伝えた隊まつり~桜にこめられた思いを~」をテーマとした総合的学習を実施しました。子どもたちは、生き残った予科練の方々にインタビューし、現地を訪問し、資料をもとに、劇を制作し、発表しました。

南部町の子どもたちが、戦争の現実が歴史的事実として地域の桜土手にあることを知ったことが、実感を持って、平和への学びを深めることにつながっていったのに違いありません。

兵庫県猪名川町立六瀬中学校ふるさとクラブでは、環境・生物との出合いが思考を深める契機となる実践を展開しています。テーマは、「大阪湾からアユの遡上する猪名川をめざして」でした。護岸工事、下水の流入、農薬、堰の増加により、かつて天然アユの全国有数の遡上が見られた地域の猪名川に、アユが見られなくなりました。

生徒たちは、かつてのようにアユの遡上する川に戻すため、漁業関係者や環境カウンセラーに話を聴き、また指導を受けながら、生態を調査し、河川掃除に取り組みました。二年目には放流アユの捕獲・解剖、川の魚道調査を行い、三年目には、川の周辺の生き物調査、堰と遡上との関係、川の循環調査と、探究を拡大していきました。筆者が訪問した折には、川に入った中学生たちが、網で捕らえた生き物や川の状況を丁重に調べている様子が見られました。

この探究活動は、放流したアユのマーキング法の活用、アユが堰を越える条件の調査などに発展していきました。生徒たちの継続した探究活動において、「本物」「事実」との出合いが次々と問いを生起させ、新たな知的好奇心を喚起させていったのでした。

(4) 連携・つながりの活用

様々な教育機関・多様な教育資源との連携は、思考を深める効果的な方法です。筆者が五年間にわたり参加した東京学芸大学附属竹早学園舎は、幼稚園・小学校・中学校の連携による先駆的な実践研究を展開してきました。

竹早地区幼小中連携教育が探究してきた「連携」の基調には、多様の活用、視野の拡大・複眼的思考などを統合した「深い思考力」の育成があるとみることができます。

実践事例を考察してみましょう。幼稚園・小学校（二年生）の連携では、「やりたいことを存分にやろうとする」時期と捉え、例えば、キッズフェスティバル（四歳児から小学校二年生までが参加する運動的・文化的行事）に合同で取り組ませています。また、小学生が幼稚園児を招待し、音読を聴かせるなどの活動を進めています。

異年齢の合同授業だけでなく、教科間の連携の授業も行われました。小学校四年生「やってみよう、のってみよう～インプロづくりを通して行う自己との対話・仲間との対話～」は、学級担任（国語科）と音楽科の合同授業でした。

グループで物語や表現したい内容を一つ選び、それをイメージしたボイスパーカッション（以下「ボイパ」）をつくることが目標でした。

作品ありきではなく、子どもが生成する音楽に耳を傾け、そこを出発点に学級全体で学びを深めていくことを大切にしました。このため、表現したい内容に沿うような言葉の選定をフォローする（国語科教員）、曲想やリズムなどを大切にしたボイパのつくり方をフォローする（音楽科教員）、活動が停滞しているグループについては、何が原因になっていて、今何が大切なのかを考えさせながら、解決を促す（共通）というように、各教師の専門を生かしつつ支援し、授業が進行されました。

友達の発表や意見交換、即興的なセッションをすることによって得られる新たな視点や経験を感じる面白さ、この面白さを最大限に体感したときに、「誰からも強いられずに、自然と自ら進んで取り組む光景」が生まれると考えての実践でした。

(5) 協同学習を効果的に展開するための多様な対話方法の開発

岡山大学教育学部附属中学校では、幼・小・中共通研究主題「考える力を育てることばの教育〜移管教育カリキュラムの実践による『考える力』の育ちの検証〜」を掲げ、実践研究に取り組んでいました。

二一世紀に求められる考える力（資質・能力・技能）の育成を目的とし、「グローバル時代の人間形成を希求する対話型授業の12の要件」（本書で紹介しているものです）を育成する授業を構成する際の視点として、探究的な授業を構成していました。

特に注目されたのは、協同学習の在り方（すべての生徒が表現し、議論を保障する授業展開）でした。同校では「協同学習は、複数の人間が相互作用を通して、学び合うことにより成り立つ、一人一人が異なる考えを主体的に出し合って議論をする」、このことが「異なる文化や歴史に立脚する人々と、正解のない課題、経験したことのない課題を解決する力」を育むとし、次ページの図7を提示しています。

この図7は、協同学習の基本的枠組みを示しています。と同時に、協同学習を具体的に推進するために開発された、対話の多様な形態の提示ともなっています。

【実践事例】

対話型授業において「深い思考」をもたらすため、全国各地の学校で様々な具体的手立てが開発されています。ここでは、実際に実践に役立つように、それらを集約し、記します。

(1) 教師の揺さぶり

学習者が思考を深めていくための有用な手立ては、「教師による揺さぶり」です。一定の結論にとどめず、さらなる深い思考に向かわせるために、「数値目標を示す」「新たな発想を促す」「既習事項を想起させる」などの「教師による揺さぶり」が、深い思考を生起させるのに効果的です。

このために必須なのが、目標の分析と教材研究です。教師が目標について認識を深め、多様な視点からの教材研究をすることにより、効果的な「揺さぶり」ができます。また、自分の発想の外の異見も大事にする必要があります。子どもたちの可能性を信じる姿勢が「揺さぶり」による思考の深化につながります。

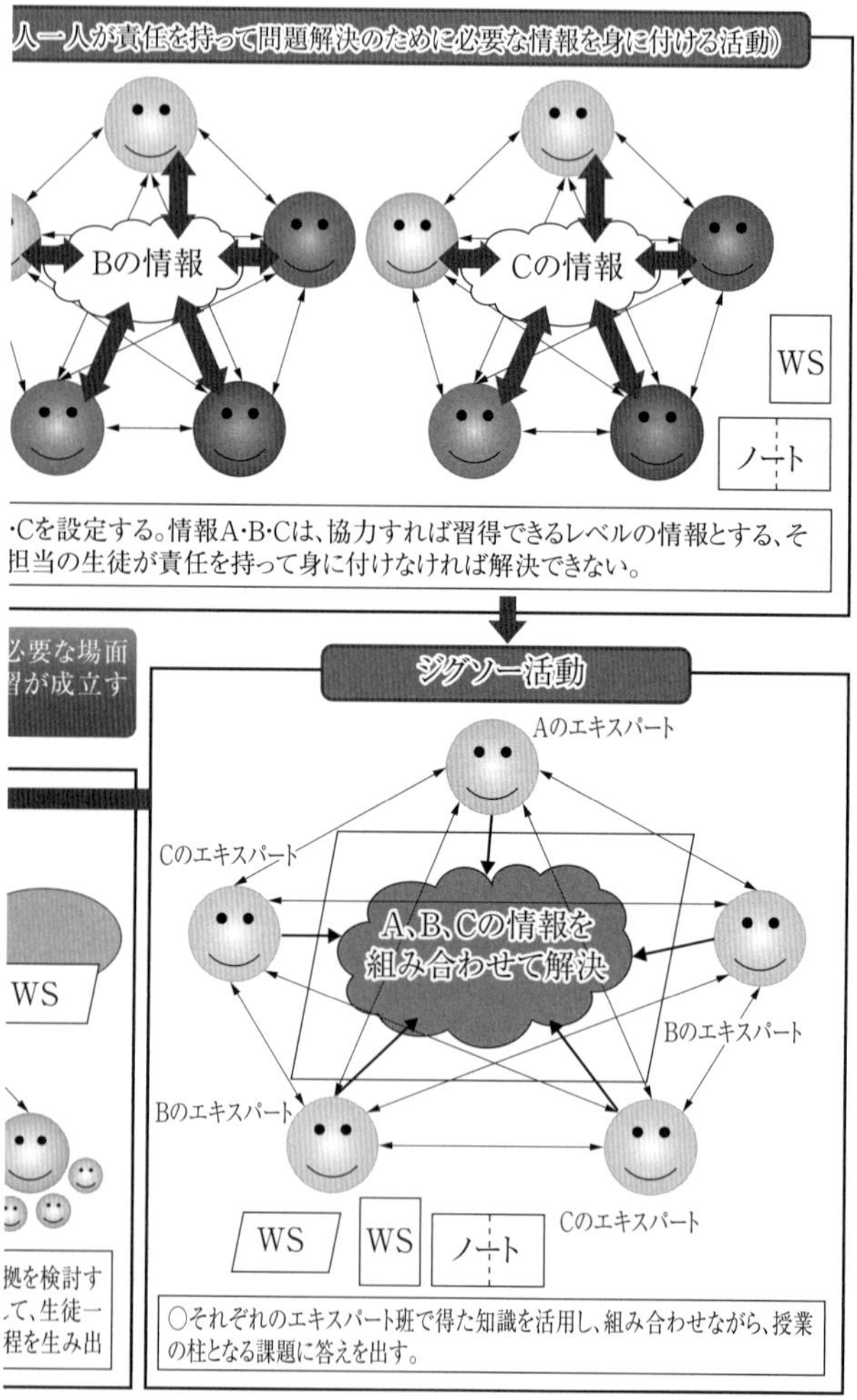

中学校研究発表会資料 (2015)

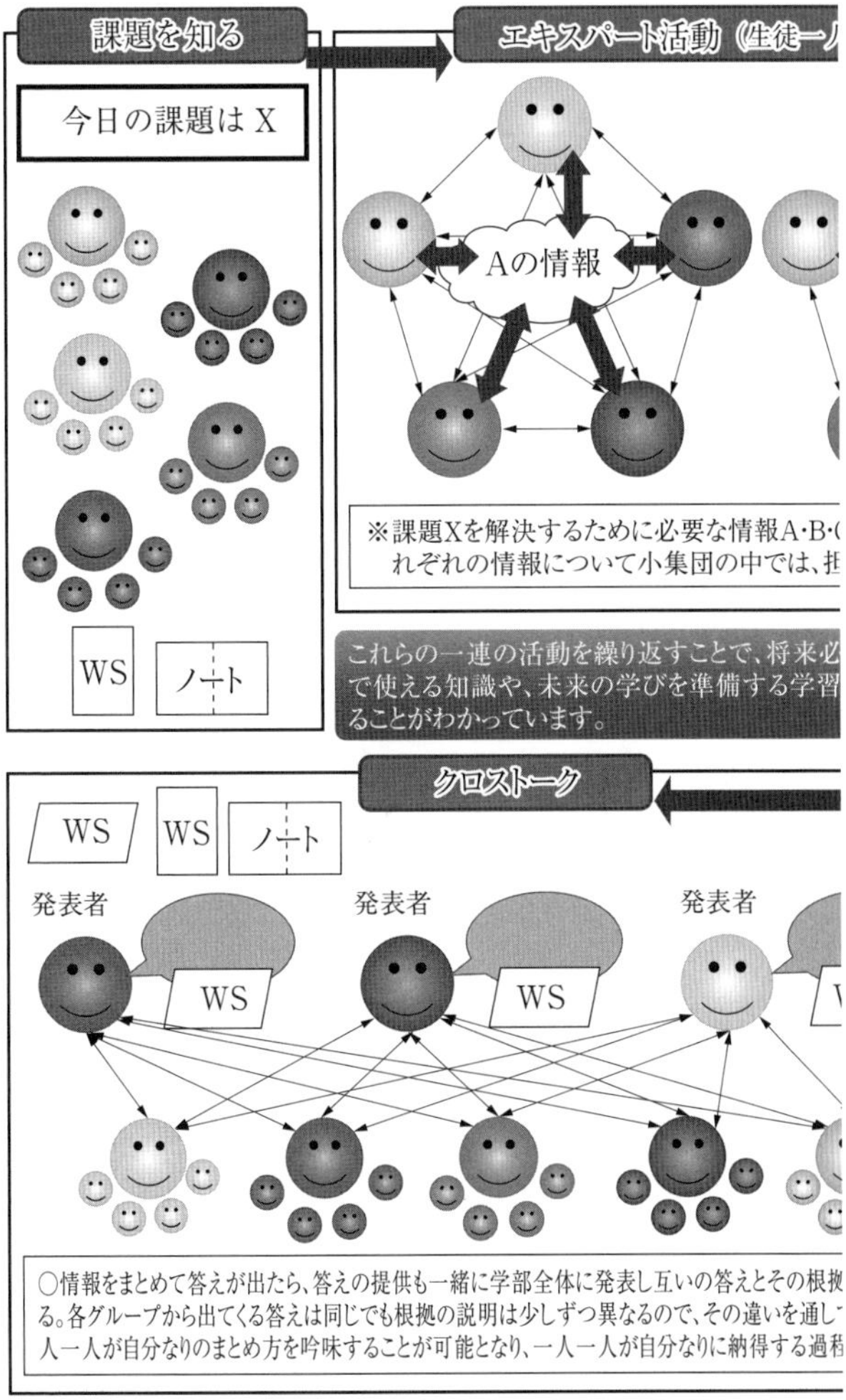

図7　岡山大学教育学部附属中学校第33回

(2) 思考の変化の可視化

思考の可視化は、自分たちの見方や考え方が、対話により変容し、深化していくのを実感する有用な方法です。「授業の開始前、授業の途中、振り返り、の各段階の自分の考えをカードやノートにまとめていく」「黒板や白板に短冊を張り付け、思考の変化とともに移動する」「円グラフや帯グラフの活用」などの様々な方法があります。

ワークシート（自分の意見、その理由三つ、結論、賛成・反対、第三の異見、を書き込む）や、小黒板・ホワイトボードを活用する方法もあります。

(3) 切実な課題の設定

思考を継続したり課題を次々と探究したりする意欲を高めるためには、学習者にとって切実な課題・問題の設定が大切です。文京区の小学校で、区の公園課からの依頼で近くの公園の改造計画を小学校六年生が立案しました。子どもたちは、自分たちのアイディアが実現される可能性を知ると、真剣に取り組んでいました。

課題・問題の提示だけでは、子どもたちが興味を持てないこともあります。教師が解説し、いかに興味深く、そして多様な視点から検討すべき課題・問題であるかを示してやることも、必要なのです。

また、課題・探究についての取り組みの浅さを厳しく指摘することも、思考を深めさせます。

筆者は目白学園女子高校の教師時代、三年生に、ボランティアについてのレポートの作成を課題にしました。ひと月後、ある優秀な生徒が分厚いレポートを提出しましたが、低い評価としました。担任と共に抗議に来たその生徒に、理由を告げました。専門書の書き写しがほとんどだったからです。怒って帰った生徒は夏休み明けに、筆者の机上にポンと投げるように、書き直したレポートを提出しました。

そこには、栃木県の老人ホームに一週間にわたって通い、お風呂に入れた際にご老人が脱糞してしまったとき、介護の人々がテキパキと処理したこと、老婦人に化粧をすると元気になったことなどが、詳細に記されていました。そして最後に、「老人ホームの『ホーム』の意味が分かった」と述べられていました。廊下ですれ違ったとき、「読んだよ」と声をかけると、にっこりと笑顔を返してくれました。

(4) 資料の活用

思考を継続し、深めていくとき、ヒントを与えてくれるのが、図書室の本や、新聞・雑誌の記事、映像資料などの情報媒体です。

教職員もまた資料の宝庫です。筆者は、教職員個々の特技、趣味、体験などを子どもたちに知らせておくことを勧めています。北九州の明治学院高校に勤務する盟友の鹿野啓文は、「早朝に教員が輪番で、放送を通して環境・法律・深海魚・漁師の生活等々、海についての様々な講話をしている。こうした教師の講話は、海についての知識や見方、つまり教養に厚みを持たせる。さらに、自分が探究したいことへの手がかりを与える。さらに、教師との語り合いは、自分の探究する課題を明確にしていく。そうした中、生徒の関心は、南太平洋の島国や北欧にまで広がっていった」と語ってくれました。

(5) 既習事項の活用

既習事項の活用は、深い思考を生起させる基盤です。筆者は、栃木県の上三川町立明治南小学校の、対話を活用した算数科の実践研究に四年間にわたり参加する幸運を得てきました。

参観できた算数の授業では、低学年の授業であっても子どもたちが次々と発言していき、中学年の授業では、子どもたちが様々な解法を比較し、合成し、ときには新たな発想から検討していっていました。その思考の密度の濃さに驚かされました。

こうした授業ができる大きな要因は、「足場づくり」、すなわち既習事項の活用にあると捉えました。図8は、荒川景子さんを中心に作成した、「対話を活用した主体的学び」の授業づくりの構想図です。

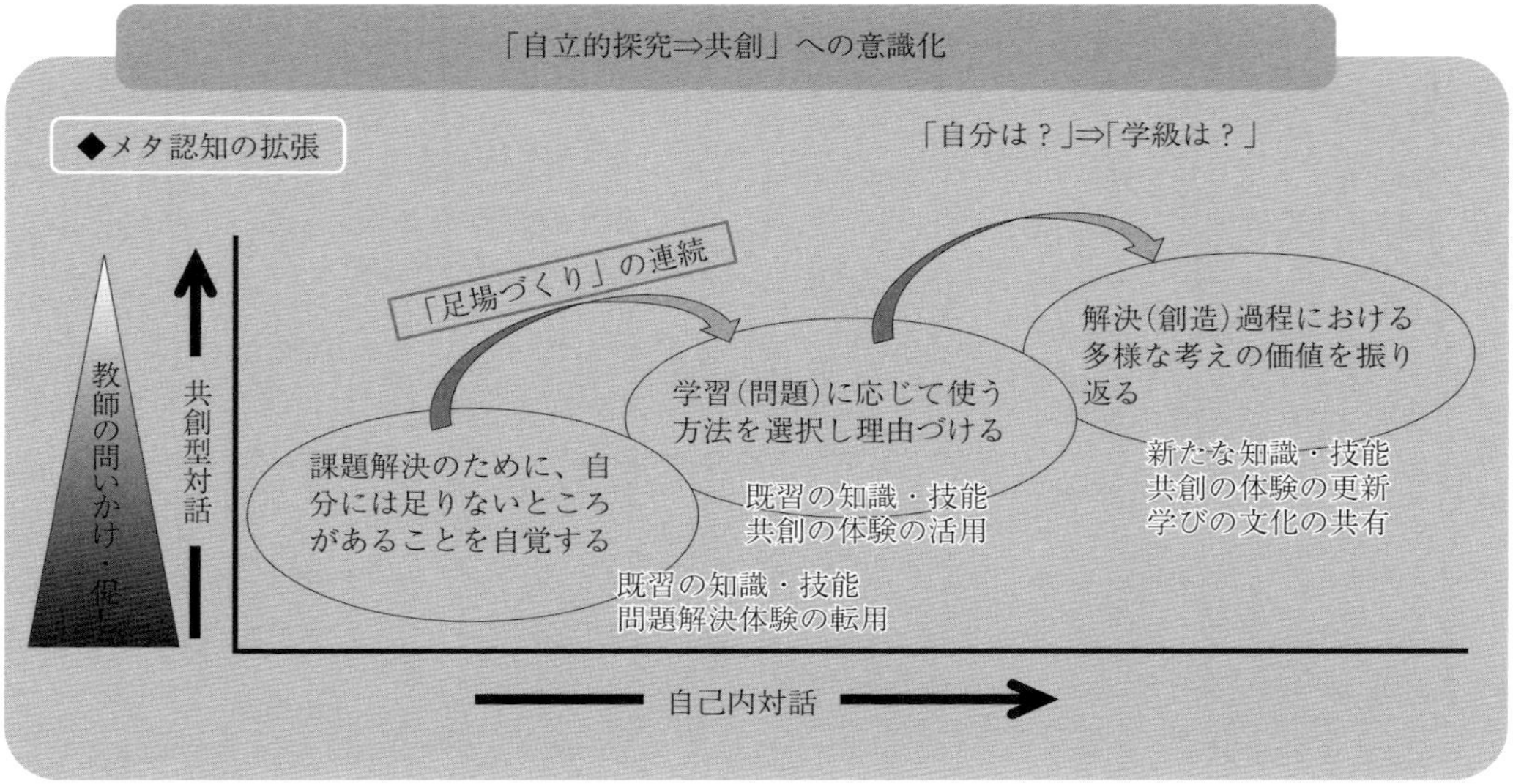

図８　対話を活用した主体的学び

荒川さんは、『教育新聞』(二〇一七年一二月一一日付)に、次のように記しています。

「子どもと創る」自分のファシリテーターとしての役割を、どこまで子どもに渡せるか、任せられるかを追究している。そのカギは「見通し」にあると考える。(中略)

導入問題の後、グループで個々の質問をカードに出し尽くし、黒板での単元計画のおおよそを作成する。体験を重ねることで、単元構成の仕組みに気付く。

「既習とのつながりを考える。既習の方法や内容を活用して新たな学びを得る。それらを生かす。全体を振り返って、まとめや展望を持つ」

これは、新たな概念形成を図る過程であり、「何かを分かるにはどのような過程が必要か」を学んでいることに等しい。

こうした学びに子供とチャレンジし続けることは、日々の授業ノートや再現ノート、単元末のレポートに変化をもたらす。自分が学びの主体であるという自分らしさの現れと、「分かる」とはどのような思考追求を経て得られるかを体験的に学べる。たとえ不十分でも、確かに自分があるということに価値がある。

(6) 相互批評

「相互批評」は、思考の深化に有用な手立てです。他者の視点からの指摘は、固定観念を打破し、自分では気づかない論理の矛盾や説明の曖昧さに気づかされる契機になります。協同学習の過程で他のチームと相互批評をし合うと、事後の学習内容に広がりと深まりが出てきます。その際、重要なのは批判的思考です。批判的思考については、第Ⅱ部の7（一三四頁）を参照ください。

【発展】

観世流能の小鼓師、鳥山直也氏との出会いは、深い思考の意味を再確認させてくれました。ご夫妻で拙宅を訪ねてくださった鳥山氏とは、同氏が訪れ指導されてきたポーランドの音楽事情や日本文化の特質について五時間余も語り合いました。

その中で、深い思考の視点から興味をひかれたのは、師の語る能の舞台での演技の話でした。能の舞台は、シテ・ワキ方による演技、囃子（笛、小鼓、大鼓、太鼓）、謡によって構成されます。能について認識の浅い筆者は、シテの所作を中心に、囃子方、謡が、それに従うように演奏されると、勝手に思い込んでいました。

しかし、各パートは独立しているというのです。それぞれが、自分の伝統的流儀により演技し、演奏し、謡う、その際、互いに、合わせない、合わせすぎないようにする、ただし、場面の転換を知らせる役割があり（太鼓や謡の地頭）、外に自由に広がっていた演奏が、各々合わせようと集中していく、しかし、この場合も合わせすぎない。変化への対応で一致していても、自由度がある。

能の舞台は一回限りの興行であり、一回の舞台の中にこそ、答えがある。すなわち、変化への対応、そこに生起する緊張感が高みをもたらすというのです。

このため、リハーサルはなく、事前に必要に応じて音合わせする程度とのことでした。能が高度の技術を持ったオールスターによる総合芸術であることが理解できました。

小鼓を実際に打つ指導を受ける幸運も得られました。音を出すこと、打ち方による微妙な音量や音質の違いを、少し感じ取ることができました。

鳥山氏によれば小鼓の音は、絶対音階ではなく、様々な場面・状況に応じて打ち分けること、様々な流儀の特色に対応する音の出し方が求められる、とのことでした。単純に感じていた小鼓の、玄妙かつ高度な技術を知り、感嘆しました。

グローバル時代の対話による深い思考へのいざないに通底すると思いました。

石川県の能登にある県立七尾東雲高校には、全国の高校でも六校にしかない「演劇科」が設置されています。この高校の演劇科の活動は、子どもたちが深く考え、成長していく手がかりを与えてくれます。

能登の地に演劇科のある高校が設置されたのは、俳優の仲代達也氏との縁によるものでした。氏の主宰する無名塾は、この地、中島町の公民館に合宿し、稽古を継続していました。やがて、その真摯な姿勢に感銘を受けた中島町の人々は、仲代氏の助言を受け、舞台の後面が開くという独自の構造を持つ能登演劇堂を建設しました。

演劇への関心の高まりにより、地元の数校の高校を統合して設立された七尾東雲高校に、演劇科が設置されました。この演劇科には、石川県のみならず近隣の県からも生徒が応募してきました。さらに、不登校の子たちが多数入学してきたことでした。

さて、「演劇表現1・2」の授業の指導には、演劇集団である埼玉のキンダスペース、石川の市民芸術村の人々が支援に入り、また無名塾から本郷弦氏、松崎謙二氏のお二人が定期的に演技指導をしてくれました。

設立時から関わってきた瀬戸清明先生によると、登校拒否の子も多いことから、当初はゼロからのスタートであり、生徒たちが心を開くことを大切にし、ゲームやアクティビティを数多く取り入れたそうです。声が出せるようになり、少しでも所作ができるようになると、やがて急速に演技力が高まってくるとのことです。それまでは、否定をしないこと、やさしく対応することが大切だったと語ります。

筆者は、本郷・松崎両氏の指導場面を参観しましたが、生徒たちの発想を大切にし、また具体的な動きを粘り強く分かりやすく示していました。

瀬戸先生は、「俳優の養成が目的ではない。自分で発信する勇気、互いを尊重する、相手の思いを捉えるなどの心を育てることが、演劇科の目的です」と語っていました。不登校の子が半数以上、他方、演劇へのモチベーションの高い子も参加していたため、喧嘩も頻発しました。しかし、公演が迫ると、論議は具体的な改善策に深まっていったとのことです。

毎年六月の公演会では、『青い鳥』『ベニスの商人』『八犬伝』などを、能登演劇堂で演じてきました。今年の演目『アンネ』を鑑賞しましたが、自己表現が苦手だった生徒とは思えぬ力強い演技に、「演技に真剣に向き合い、深く思考していくことが、生徒の潜在力を高める」ことを実感しました。

友人の元校長・塩谷優先生は、「中には中学生の時、二百日以上欠席した生徒もいて、自己表現に苦手意識を持っている子が多々いました。しかし、他人を演じることで表現への抵抗感がなくなるのです。表現により自己を再発見でき、自信が育ちます。閉じたドアを開く活動なのです」と話してくれました。

〈閑話休題〉

「トビタテ!」に参加する高校生たち

「トビタテ！　留学JAPAN　日本代表プログラム」とは、二〇一三年に文部科学省を中心として、幅広い企業からの支援を受けて始まった、官民協働の海外留学支援制度です。二〇二〇年までの七年間で、約一万人の高校生・大学生を派遣留学生として送り出す計画です。産学官の出身者から構成される協働プロジェクトチームが、事業を推進しています。筆者は、「トビタテ！」の構想の段階から、当時の文部科学省の担当者菊池智之氏とともに、その具体的な内容の作成に参画し、審査委員長を務め、企画・運営に携わってきました。その過程で、日本の高校生たちの成長力の高さを、あらためて実感しました。

○「トビタテ！　留学JAPAN」高校生コースの概要

（目的）留学を通じて、多様な経験と自ら考え行動する機会を提供し、グローバルに活躍できる力の育成を目指す。派遣留学生が自らの経験を還元することで、新しい留学文化を醸成する。

なお、これからの時代に求められる能力の要素として、以下が提示されています。

①主体的にものごとを捉えて解決する力／②クリエイティブな企画力／③様々なことに対する好奇心／④困難なことに挑んでいこうとする挑戦意欲／⑤コンピュータやロボットにはない人間的な感性や慈しみ

全国各地での選抜審査会で高校生たちと出会い、また帰国後の高校生たちの海外滞在中の記録を読み、体験談を聴き取ると、彼らが異国の地で多様な見方・深い思考の必要性を実感し、グローバル時代に必要な対話力を高めてきていることが分かりました。

○面接で出会った高校生たちの志望動機例

・高専での学びを基盤に、医療・介護ロボット開発のスキルを学びたい
・セブ島で経済以外の日本の支援政策（教育の提供）を考察したい
・生物多様性へ関心　生き物の世界を守る　ウミガメ保護活動
・受験のための数学ではなく、証明する・解析する数学を学びたい
・パティシエになりたい　やがて北海道で郷土の発展につくしたい
・スペインに修行留学し、空手の世界最強者の指導を受け、日本の空手と融合させたい
・貧困地域で医療のボランティアをしたい　世界で活躍するエンジニアを目指す

○帰国後の報告書から

「チェコの特別支援学校や中・高校を訪問し、障害者への支援、心のケアを学びました。実際に現地で視覚障害を抱える方と交流したことで、チェコの障害理解が日本よりも進んでいることを知り、日本での障害理解についてより詳しく調べてみたいという思いを持つようになりました」

「留学前は、不安を感じていました。しかし、現地で生活するうちに、『拙い英語でも自分から発信することの大切さ』に気がつき、帰国前には分かり合うことができました。将来は、地元で

ある群馬県に、ゲストとの関わりを重視した小規模な民宿を開くことが、私の夢です。日本人だけでなく多くの外国人の方にも、群馬県や私の民宿を訪れてもらいたいです」

「トビタテ！」に参加した高校生たちは、視野を広げ、思考を深め、人間として大きく成長して帰国してきました。彼らの姿に、今後の教育のあるべき方向を示された思いがしています。

12 学習の振り返り・省察

対話型授業における学習の振り返り・省察は、対話により自己の考え方・感じ方を再組織し、自己の成長を確認する、対話することの快感を感得する、深い思考力を育む基盤です。また、次の課題を明確にし、探究心を高めるとき、効果的な対話方法の習得・定着の機会ともなります。ここでは、振り返り・省察の意義、機能と具体的な手法について記していきます。

【解説】

振り返りと省察は、自省し、自己を再組織化し、知を生成する時間としては共通ですが、振り返りに比して、省察は熟考を重視する意味で、より広い概念と本稿においては位置付けておきます。

(1) 省察とは

小宮山祥広君は、小学校教師時代の教え子です。わんぱくなスポーツ好きの少年であった彼は、京都の花園大学に進学し、やがて仏教関係の書物を著すようになりました。今は嵐山の近郊、小倉山の山麓の小さな寺に住み、思索の日々を送っています。小宮山君との語り合いは、いつも筆者に対話の愉悦を与えてくれています。

その小宮山君に「省察」の意味を問うてみると、やがて次のメール文が届きました。以下はその抜粋です。

> 禅の宗旨をあらわす言葉に「不立文字、教外別伝」というものがある。これは、禅宗の開祖・達磨の教えであり、文字や言葉では、伝えたいすべてのことを表現できないという意味と解することができる。内面(言外)の意図を洞察し推察することができれば、文字や言葉で表現し尽せなかった真意に近づくことができる。その伝達が禅の教えならば、自らの悟りとして感得できる、と先の言句は説いているのである。
>
> 禅の教えからすると、文字や言葉をただ記憶しても教えを得たことにならない。大切なことは、文字で表せない意味までよく考察すること。つまり教わった文字や言葉を記憶するのではなく、必ず自

らの頭の中（あるいは心の中）であらためて教えの意味を考察し、そこで理解できたことを自分の言葉に変換して自得する。それができた時にこそ、ほんとうの教えを得たことになる。

振り返り・省察の意義とは、小宮山君が記しているように「自らの頭の中（あるいは心の中）であらためて教え（学び）の意味を考察し、そこで理解できたことを自分の言葉に変換して自得」し、さらに、次の思索に向かうための自己再生をすることにあるのです。

(2) 振り返り・省察の機能

対話型授業における振り返り・省察は、学習内容と対話に関わることに大別できます。その機能を「学びの整理」「学びの再組織化」「学びの定着」「学びの発展」の四つに集約します。

「学びの整理」とは、学びの中で知ったこと、気づいたこと、考えたこと、疑問に思ったことを整理することです。「学びの再組織化」とは、学んだことを組み合わせ、消化し、新たな自分の考えを持つことです。「学びの定着」とは、体験したり、考えたりしただけではなく、整理・再組織化を通して、自分なりの見方・考え方を身に付けることです。いわば汎用的な見方・考え方を習得することです。「学びの発展」とは、振り返り・省察を生かしながら、次の課題を明確にし、取り組んでいくことです。

(3) 振り返り・省察の方法と時期

振り返り・省察の主な方法を列挙しておきましょう。

○省察の方法

沈思黙考：静かに眼を閉じ、落ち着いて黙想する。

対話：仲間と対話し、気づいたこと、考えたこと、今後の課題と思うことを明確にする。

記述する：ワークシートやノートに授業を振り返って気づいたこと、考えたことを記述する。
　図や絵、表などを作成する方法もある。

○視点の明示

振り返り・省察の視点を明示しておく。

学習内容に関する視点：学習課題について分かったこと、できたこと、習得したこと、これから解決すべきことなど。

対話に関わる視点例：

聴くこと：他者の伝えたいことを真摯に聴けたか。疑問点を質問できたか。話し手の伝えたいことを引き出せたか。

話すこと：自己見解を臆せず表出できたか。相手に的確に伝わるように様々な工夫ができたか。

対話：全員が参加していたか。チームの雰囲気は変わっていったか。対立や異なる意見を活用し、新たな解決策や知恵を生み出せたか。

思考を深める視点：学習内容についてと対話に関わることがある。

学習で分かったこと、疑問点、今後の課題は何か。

課題解決のためにどんな手立てがあったか。

自分ができたことは何か。

誰のどんな発言がよかったか、影響を受けたか。

自分の意見や感想は変わってきたか。

既習事項を活用できたか、新たな発想ができたか。

沈黙や混沌を上手く活用できたか。

想定外の気づき、発見や考え方の広がり、思考の深まりがあったか。

○時期

省察・振り返りは、一般的には、授業の終末場面で実施されるが、自己の思考の再組織化や、次なる課題の確認・発見のためには、学習プロセスで随時活用することが効果的である。

導入時：本時の授業までの既習事項や本時の課題を確認する。学習課題によっては、実生活を振り返る。

学習プロセス：適時、現時点までの考え方をまとめる。他者の意見や感想について考察する。納得できる他者の意見や感想を取り入れ、自己の考えを再組織する。継続する学習で解決すべき課題を確認する。

終　末：本時を振り返り、導入時と終末時の自己変化を確認し、その要因を自覚する。対話活用の視点から自己評価する。次の課題を確認する。

長い期間についての振り返り・省察も重要です。単元の始まりと終了時など単元全体、さらには数か月にわたる学習への取り組みついての自己評価は、事後の考え方や生き方を確立していく基礎づくりにつながります。

【実践事例】

○ノートによる振り返り

山梨県甲州市では、学習の基本的在り方を提示するTeacher's Noteを作成している。この手引き書に、次に示す八項目による、ノートを活用した振り返り・省察の内容と方法が明示してある。

学習の日付とページ番号、本時に課程（めあて）の記入、自力解決時の自分の考えや方法、班や友達の考え方（比較・検討）、学習のまとめ、練習問題、学習感想、ノート展覧会など相互評価の機会の設定、である。この八項目は、振り返り・省察のための基本的なプロセスといえます。日々使用するノートを活用しての振り返り・省察は有用であり。その習慣化、相互批評による作成力の向上は思考力の向上につながると考えます。

茨城県の茨城町立明光中学校の国語科教師の矢崎寛子先生とは、茨城大学教育学部附属中学校に勤務されていたときから、実践研究について交流してきました。

矢崎さんは、授業における振り返り・省察の大切さを意識した実践事例の記録を送ってきてくれました。この記録には、振り返り・省察の多様な要素が網羅されています。筆者はこの授業を参観しましたが、生徒たちが多様な視点から論議し、次々と新たな気づきや発見をしていったことが印象的でした。矢崎先生の実践記録を読み、振り返り・省察の時間が、生徒たちの論議を活発にし、思考を深め、また学習で得たことを定着させていることをあらためて認識しました。

矢崎先生の国語科の実践における振り返り・省察の時期と方法、学習効果について紹介します。

単元名　第三学年国語科「見えないものを見える化しよう〜今日から君は審査員〜」

（授業導入）既習事項の振り返り

前学期に「聞き取った内容や表現の仕方を評価して、自分のものの見方や考え方を深めたり、表現を生かしたりすること」をねらいとして「講演を聞いて考えよう」を行った。
この単元で、①具体例と結論の対比、②ものの見方、考え方、③内容に関する聞き方について学習してきた。そこで、本単元の学習においても、ワールドカフェ方式での話し合いや、説得力のある批評文を書く上で、この既習事項を振り返り、生かすよう促した。

（授業中）

四～五名の小集団を作り、新聞広告に込められたアピールの工夫や問題点を発見する活動をした。各チームでの話し合い、アピールの工夫や問題点を集約した。次に、他のチームからの問いを受けて説明するというワールドカフェ方式の話し合いを行った。各チームでは、他のチームの生徒から質問を受け回答したり、また、多様な視点からの指摘について論議したりした。
その活動の後、個人またチームでの読み取り方を振り返り、再度読み返す時間を意識的に設定した。

（授業終了時）

ワールドカフェ方式での話し合いを通して、「気づき・考えたこと」について振り返りを書く時間、また話し合う時間を取った。
生徒の振り返りには、次のことが記されていた。
・矛盾を突くと、新たな気づきがあった。

・「もし〜ならば」という仮説で比較して説明すると、分かりやすく伝えられた。
・ギャップや違いに注目するとよかった。

これらは、教師の予想を超えた、新しい観点であった。

対話による振り返りも行った。すると、生徒の中から、「今まで、話し合いは相手の反論をやっつけようとか、言い負かそうとか、そういう勝ち負け的な感じで行ってきた。今回の話し合いでは、互いに疑問をぶつけるのだけれど、否定するのではなく、みんなで協力して答えを出そうとして、そこで新たな発見があった。このような話し合いがあるのかと思って、面白かった」のような趣旨の発言がされた。

この発言からは話し合いは二項対立ではなく、批判的な問いがあったとしても受け入れ、解決しようとする姿勢が育っていることがうかがわれた。情報を比較・検討し、自分のもつ情報と関連付けながら問い直すことを通して、新聞広告の読解について自分の考えを再構築することができたのではないか。

（単元終了）

総括として「批評文の学習を通して考えたこと、今後に生かしたいこと」についての短作文を一五分間で書かせた。

短作文の生徒の記述から、「対比・比較する」ことのよさ・有効性を生徒の大半は実感したと考えられる。中には、単元前後の授業で「対比」で読み深めた既習の学習経験と関連付けて述べている生徒もいた。

多くの生徒が、問いを持って話すことが新たな気づきを得るのに有効であると記していた。また、問いを投げかけることが相手への否定ではなく、よりよい気づきや考えをもたらすためのヒントになるという肯定的な考えがうかがえた。しかし、問いを持つための視点として、仮説や相違点に注目することが書かれていたが、それ以外の具体的な手立てがまだ意識されていない。

【発展】

教育新聞社編集局次長池田康文さんは、心を許し合い、啓発し合ってきた真の友でした。その池田さんが、二〇一七年一二月五日、若くして天に旅立ってしまったことは、無念でなりません。彼が不在となって数か月、今でも折に触れ、悩み、考え込むとき、池田さんに問えばきっと真摯に受け止めてくれ、深い思索からの示唆を与えてくれたに違いないと思えてなりません。

池田さんは、すぐれた新聞編集者であるとともに、『旧約聖書大全』の翻訳者（夫人の耀子さんとの共訳）であり、哲学者でした。知性がキラキラと輝くような得がたい交流の中で、池田さんの思想の根幹は、深察と自省にあったと確信します。

いささか未整理ですが、池田さんから送信されてきたメール文の一部や彼が最後の日々に病床で書き残したメモ、語ったことばを紹介します。随所に、振り返り・省察の根源的意味を感得させられる文章がちりばめられているからです。

池田さんのメールから

おさしみ定食、ごちそうさまでした。みなさんのお話とともに、たいへんおいしかったです！

「感性」に関連して私がメモした内容で、取り違えて書いていたところがあったのに、帰りの電車で気づきました。

sensitivity が感受性、sensibility が感性と捉えると、「感受性」と「感性」の意味合い、関係性、違いが明確になるのではないかと考えます。sense の「感覚、感じ」の意が sensitive（感じやすい）→ sensitivity に sense の「分別、意味」の意が sensible（分別のある、意味のある）→ sensibility にそれぞれつながっていると考えられます。これは、ラテン語の語源 sensus（センスス・名詞）に「感覚」と「理性、考え、意味」の意の両方があるからです。sensus の元になる動詞の sentire（センティーレ）にはさらに多義があります。「感じる」「気づく」「知覚する」「思う」「判断する」「意見を述べる」などです。「投票する」という意味まであります。このような意味の多義性の中で、sensitivity（感受性）と sensibility（感性）の使い分けや意味の深掘りなどをしていかなければならないなと思っている次第です。また会える日を楽しみにしています。

孝志さんへ　大雪の日に　綾瀬駅で「見捨ててしまった」池田です。

「ゆとり」「生きる力」「学力」「詰め込み」……本来、それぞれが意味と一定の価値がある言葉ですが、なにせ手垢がべっとり付きすぎていて、イメージや思考を妨げ、浮遊させているように思います。「ゆとり」は「学ぶゆとり」だったものが放任に。「生きる力」はなんだか中身が分からない。「学力」は点数や国際的な順位に矮小化。「詰め込み」は、基本的な記憶力を大いに鍛える意味では重要な側面を持っていながら、語感が悪く、詰め込みの悪い児童生徒は人格まで低められてしまう。

これらは、言葉の本質ではなく、表層の理解がいろいろな方向に勝手に走り出してしまった結果でしょう。これらの手垢が付いた言葉を並列対置し、あれかこれかの二項対立の図式を描くと、またぞろあらぬ方向の理解に進みかねない気がしています。

今、大切なのは、言葉の一つ一つ、その言葉が指し示す行為や実践や活動の一つ一つを、精緻に捉えていくという、基礎基本のような気がします。そこからしか、子どもたちのいのち、私たちのいのちを突き動かす教育の力は、生まれてこないのではないでしょうか。

(※「大雪の日に……」は、江東区立八名川小学校での研究会の後、雪が降り始めたのにもかかわらず夕刻からの反省会が盛り上がり、ついに大雪となり、交通機関が大混乱したときのことです。二人して、動く電車を探して、降りしきる雪の中、上野周辺を歩き回り、ようよう千代田線で「綾瀬」まで着き、池田さんは近くに住む娘さん宅に行ってしまったときの思い出でした。私も歩いて立石の妹宅にたどり着いたのですが、その後池田さんに会うたびに「見捨てた」とからかっていました。大雪の街を二人で歩き回った夜のことは、忘れられない思い出となりました)

池田さんが病床で語ったことばから

奇跡にも、旅立たれる前日の午後、個室に移った池田さんと二人だけで語り合うことができました。筆者は、娘さんが送ってくれていた池田さんが病床で記した文章を読んでおり、その文章の疑問点を問う方法で、枕元で対話しました。池田さんが「教育の本質」について、喉を噴霧器で湿しながら語ってくれたことばの断片を想起し、つなぎ合わせて文章化してみました。論理性を重視すれば、さらなる推敲が必要であるとも思いますが、池田康文という希代の教育思想家が残したメッセージを、彼の息づかい、真摯な語り方、知性と優しさに満ちたまなざしなどを含めて大事にしたく、あえて整えずに掲載することとしました。

人間の学としての教育哲学―深い学びの根源を問う―

教育とは何かについて、地球環境、より大きくは全宇宙との深遠な関係性の中で考察したい。人間存在、いや人間であることを問いつつ、人間の学としての教育哲学を追究し、深い学びの根源を探る。そこには、実存の真の叫びにも似た喜びや哀しみ、「希望や祈り」がある。

「深い学び」をスタティックに定義するのは不可能である。なぜなら、「深い学び」は、極めて律動的だからである。しかしながら、深い学びを体験した人の状態・像を記述するのは可能である。体験が何をその人にもたらしたのか、抽出し、蓋然性高く記述していくのは可能であると考える。

点滴で体内の水分が充足していても、人は喉が乾く。如何ともし難い乾きがある。血液検査で太めの針を刺すとき、一人の医師は「チクッとしますよ。一、二、チクッ」と、針が刺さるのと同時に行った。実際のチクと声のチクが重なり、不思議とチクッと感じない。患者側の立場からは、誠に有難い。共感の確かな技術である。これが、痛みの響感の、テクニックである。

教師も、こんな場合、あんな場合に、どんな声掛けができるのか。その子に確かに届く声掛けが大切ではないか。

デカルトは病弱であった。それ故、イエズス会修道院の寄宿学校でベッドでの朝寝を許されていた。デカルトの思索の原風景は、ベッドの中での思索にあった。「方法序説」はフランス語で書いた。それは、スコラ哲学の重力圏からの脱出速度といえる。

デカルトは「感情は誤るもの」と方法的排除した。しかし、人間には不定愁訴にも似た漠とした不安や哀しみがある。より顕在的なそれらも。人は笑い、泣き、希望し、絶望し、信頼し、裏切られ、それでもなんとか新しい価値を創造し、歩み起こそうとする。デカルトのようにそれらを排除するわけには行かない。観無量寿経に阿弥陀如来の摂取不捨という言葉がある。歎異抄の第一条にも語られている。煩悩具足の凡夫を抱き取って捨てずの意である。人間の実存的真実を摂取不捨するとの思想はデカルトを超える道である。

「教育とは何か」、まずは、ルネ・デカルトから問い直す必要があると考える。生徒理解、人間理解 原理的には不可知である。だからこそ、知ろうとし、感じ取ろうとし、響き合おうとする、その営みこそが教師にとって重要となる。

教育とは何か、伝え合いであり、響き合いである、互恵である。（最後のことば）

池田さんは、共創型対話学習研究所主催の「深い思考とは何か」をテーマとしたシンポジウムの締めくくりで、省察の本質を示す次のことばを述べていました。

問い続ける、探究していく学びをつくるために
「人間」教員自らが、「深さ」を問い続け、探究し続けていくしかない
児童生徒にも「問い」続ける（≠grit）心性を
そして、最も問うべきは何か、"human being" ではなく "being human"（A.J.Heschel）
人は、いつ、いかにして人間であるのか?

池田さんと筆者の交流を見守ってくださっていた児童文学者の宮地敏子さんは、寂しさに打ちのめされている筆者に次のメールを送ってくれました。

ぽくぽくひとりでついていたわたしのまりを

ひょいと　あなたになげたくなるように
ひょいと　あなたがかえしてくれるように
そんなふうになんでもいったらなあ

多田先生と池田さまの繋がりはこの八木重吉のつぶやきのようだと対話のおおもとのように感じていました。多田先生の無茶ぶりを、すんなり深く真正面で受け取り応じる。そんな場面にいくたびか遭遇する幸せが印象に残っております。

〈閑話休題〉

共創型対話学習研究所

対話型授業の実践研究の交流の場として二〇一七年七月、志を同じくする仲間たちと共に、「共創型対話学習研究所」を設立しました。その概要を紹介します。

1　研究所設立の趣旨

教育の真実は、「事実として学習者を成長させることにある」、このことは本研究所の基本理念である。本研究所は、「共創探求型学習」のあり方について実践・理論研究を行うことで、希望ある未来社会を構築できる人間を育成するための対話を活用した学習の基本的考え方と具体的方途を明らかにすることを目的に設立された。

2　主な活動内容

・学習者が主体的に取り組む、共創型対話を活用した深い思考を生起させる対話型授業の開発
・教育実践から生起する理論の創造
・教育・学習の基盤の問い直し

〈研究会の開催〉

年間一〜二回の研究会を開催し、授業実践及び理論について研究成果の交流を行う。

〈論集の刊行〉

授業実践の研究を通して得られた成果を論集としてまとめる。

3　これまでの研究会の歩み

第一回（二〇一六年六月）横浜国立大学
第二回（二〇一六年八月）信州大学長野キャンパス
第三回（二〇一六年一二月）山梨県北杜市立長坂小学校

第四回（二〇一七年五月）目白大学
第五回（二〇一七年八月）栃木県那須塩原温泉
第六回（二〇一七年一一月）島根県松江市立古江小学校
第七回（二〇一八年六月）東京都北区立西が丘小学校
第八回（二〇一八年一一月一七日）山梨県北杜市立須玉小学校にて開催予定
論集『未来を拓く教育実践学研究』（ISBN 2432-4930　三恵社）は、全国各地の教育実践者からの投稿論文を中心に、既に四号を刊行している。

研究所設立の潜在的目的は、教師たちの自信と誇りの復権にあります。今、教師たちは、複合的要因により、疲れ、自信を喪失しています。こうした現状を打破し、教師たちに自信と誇りを回復させる、その活路は希望ある未来社会の担い手を育成するための教育実践力を高めることにあると考えています。

研究会には全国各地から、私費・手弁当で様々な人々が参集し、熱い論議を展開しています。まだまだ未整備な、資金もない自由参加の研究会ですが、そこには新たな時代に対応した教育実践創造への息吹だけは確かに溢れています。ホームページをのぞいてみてください。

おわりに

本書は、全国各地にいる対話型授業の実践研究仲間との、いわば共著です。創意工夫に溢れ、希望ある未来社会の構成者を育成する気概を持ち、教え子たちを「事実として成長させる」ことを願い、地道に実践研究に取り組む仲間たちと出会ってきました。本書で紹介できた実践事例は限られましたが、その背景には数多くの実践研究があったのです。

人生の至高の愉悦は、対話の楽しさをもたらす人々との出会いです。そうした人々と対話すると、新たな知見や見方を示され、未知の体験を聴かされ、創造的な生き方に啓発されます。また、悩みつつ到達した自分の意見・考えが、自分の言葉で伝えられる至福が感得できます。自己の非才を思い知らされ、立ち上がれないと思い込んだとき、仲間との何気ない対話に勇気づけられます。

得がたい仲間たちとの対話、それらが融合し、混じり合い、統合され、自己の思想・哲学を構築していくように思います。高みを求めて、なんとか歩み続ける、それにより、平凡な、才能の乏しい者でも、至高の知的世界を望むことができる、今このことを確信しています。

対話型授業は、人生を生きる意味を深く思考させる最も有効な学習の手立てです。若者たち、子どもたちが、浅い思考、皮相的な人間関係に陥っている傾向を残念に思います。対話型授業により、失敗を恐れずむしろ生かす、臆せず発言する、知的好奇心を持ち、仲間と共に次々と新たな問題・課題を探究するといった活動をさせることが、一人一人の前向きに生きる力を育んでいく――多くの実践仲間との協同実践研究により得た信念です。

二年前、目白大学で最後に担任したゼミ生たちと、富士山に登山しました。自分自身はとても無理とは思っていましたが、人生最後の機会とも思い、同行しました。学生たちに加え、藤谷哲・枝元香菜子の両先生が参加してくれました。初日、八合目までの山道、喘ぎ、ともすると遅れがちな筆者を見て、学生たちは荷物を持ち、若い先生は何気なく付き添ってくれました。翌朝、天候に恵まれ、皆で、明け方の日の光の荘厳な移ろいをしみじみと見られたことは、僥倖でした。下山し、バスに乗ろうとすると、付き添ってくれた先生方が、土産用の登山棒を「先生、これ」といって手渡してくれました。各合目の山小屋の焼き印が押してある一メートルほどの木製の棒です。筆者が荷物になると購入を諦めていた品でした。

いま、その登山棒は、金沢学院大学の研究室に置いてあります。時折、その登山棒を眺め、握るたびに、あの小さな感動が次々と起こった山行を、一人一人がくっきり心に残る学生たち、教え子のように思ってきた若い同僚たちと共に、味わえたことを幸運と思っているのです。

本書は、よき仲間たちの支援により、刊行にたどり着くことができました。グローバル時代の新たな教員養成を希求した新学科の立ち上げに参集してくれた米澤利明先生をはじめとする同僚たち、そして教職センターの人々、全国の教師たちの交流の場として立ち上げた共創型対話学習研究所に集う仲間たち、各地で熱く語り合ってきた先生方、学会・研究会の仲間たちの支援に、心からお礼を申し上げます。ありがとうございました。

構想以来、三年間かかりました。その間、「よい本を出しましょう」「流行に流されず、本格的な対話型授業を探究してください」と励まし、ずっと待ってくださり、刊行までの途上で適切な助言をしてくれた教育出版の阪口建吾氏に、深甚なる敬意と感謝の念を表します。

今、ふつふつと湧き起こってくるのは、「授業への思い」です。教育実践者の一人として勇気と冒険心を心にかきたて、学生たち一人一人が自己の潜在能力を存分に発揮し、仲間と共に、深く思考し、新たな知的世界を旅する愉悦を響感できる対話型授業の創造に取り組みたいと願っています。

辛いときにこそ、希望と勇気を与えてくれたのは、家族たち、そして、早朝の散策・思索の仲間・柴犬の龍之介でした。記して深い思いを伝えます。

二〇一八年初秋　明け方の美しい光の中で、平和を願いつつ

多田孝志

著者略歴

多 田 孝 志（ただ たかし）

金沢学院大学文学部教育学科教授、博士（学校教育学）

目白大学人間学部児童教育学科教授、青山学院女子短期大学、立教大学大学院、東京大学教育学部、学習院大学文学部兼任講師歴任、日本学校教育学会元会長・常任理事、日本国際理解教育学会元会長・顧問、異文化間教育学会名誉会員、日本グローバル教育学会常任理事、共創型対話学習研究所所長。

「教育の真実は現場にある」をモットーに、全国各地の教育実践者たちとともに、グローバル時代の新たな教育の創造を目指した活動に取り組んでいる。

（主な著書）『光の中の子どもたち』（単著　毎日新聞社　1983年）、『学校における国際理解教育』（単著　東洋館出版社　1997年）、『地球時代の教育とは』（単著　岩波書店　2000年）、『飛び込んでみようプログラム』（監訳　東洋館出版社　2002年）、『地球時代の言語表現』（単著　東洋館出版社　2003年）、『対話力を育てる』（単著　教育出版　2006年）、『未来をつくる教育　ＥＳＤのすすめ』（共編　日本標準2008年）、『共に創る対話力』（単著　教育出版　2009年）、『授業で育てる対話力』（単著　教育出版　2011年）、『現代国際理解教育辞典』（共編　明石書店　2013年）、『グローバル時代の学校教育』（共編　三恵社　2013年）、『持続可能性の教育』（共著　教育出版　2015年）、『未来を拓く児童教育学――現場性・共生・感性』（共編　三恵社　2015年）、『教育の今とこれからを読み解く57の視点』（共編　教育出版　2017年）、『グローバル時代の対話型授業の研究』（単著　東信堂　2017年）

対話型授業の理論と実践
――深い思考を生起させる12の要件――

2018年10月29日　第1刷発行

著　者　多 田 孝 志
発行者　伊 東 千 尋
発行所　教 育 出 版 株 式 会 社
〒101-0051　東京都千代田区神田神保町2-10
電話 03-3238-6965　振替 00190-1-107340

印刷　神谷印刷
製本　上島製本

ISBN 978-4-316-80442-2 C3037